PROCESSO ÉTICO-DISCIPLINAR NA OAB

Marcelo Rabelo Pinheiro
Thiago Camel de Campos

PROCESSO ÉTICO-DISCIPLINAR NA OAB

TEORIA E PRÁTICA

LIVRO II - FASE RECURSAL

Freitas Bastos Editora

Direitos exclusivos da edição e distribuição em língua portuguesa:
Maria Augusta Delgado Livraria, Distribuidora e Editora

Direção Editorial: *Isaac D. Abulafia*
Gerência Editorial: *Marisol Soto*
Diagramação e Capa: *Deborah Célia Xavier*
Revisão: *Sabrina Dias*

Dados Internacionais de Catalogação na Publicação (CIP) de acordo com ISBD

P654p Pinheiro, Marcelo Vinícius Rabelo

Processo Ético Disciplinar na OAB - Teoria e Prática - Livro II - Fase Recursal / Marcelo Vinícius Rabelo Pinheiro, Thiago Camel de Campos. - Rio de Janeiro, RJ : Freitas Bastos, 2024.

196 p. : 15,5cm x 23cm.

Inclui bibliografia.
ISBN: 978-65-5675-379-9

1. Direito. 2. Estatutos. 3. OAB. I. Campos, Thiago Camel de. II. Título.

2024-308 CDD 619
CDU 636.089

Elaborado por Vagner Rodolfo da Silva - CRB-8/9410
Índice para catálogo sistemático:

1. Direito : Estatutos : OAB 619
2. Direito : Estatutos : OAB 636.089

Freitas Bastos Editora
atendimento@freitasbastos.com
www.freitasbastos.com

DEDICATÓRIA

Marcelo Rabelo Pinheiro

Dedico este livro à minha filha Victoria, que é a razão da minha vida e que me ensinou o que é o amor incondicional. À minha mulher Desirée, que me ensinou o que é o amor companheiro, sincero e repleto de alegrias, e que, apenas por acreditar em mim e estar ao meu lado, foi a grande responsável pela realização de meus objetivos e a materialização dos meus sonhos. Dedico, sempre, aos meus pais, pelo carinho e apoio que dedicaram ao longo de minha vida e, sempre, para onde quer que eu vá, *in memoriam*, às três pessoas que foram pilares na minha vida, Palmyra, Odília e Silvia, responsáveis pela formação de meu caráter e lapidação de minha ética e moral.

Dedico, também, a todas as pessoas com quem convivi ao longo desses anos, aos professores que tive durante a minha trajetória, não só aqueles dos bancos escolares, mas também aqueles que me ensinaram, com suas experiências de vida, a aproveitar cada gole do lago do conhecimento.

Por fim, e não menos importante, dedico este livro a todos os meus colegas do Tribunal de Ética e Disciplina, do Conselho Pleno e da Comissão de Seleção e Inscrição, todos da Ordem dos Advogados do Brasil, Seccional do Rio de Janeiro, especialmente à querida equipe de funcionários, que sempre apoiaram e reconheceram o trabalho desenvolvido, ao longo dos anos, em prol da ética e da advocacia e sem os quais eu nada teria aprendido.

Thiago Camel de Campos

Este livro possui um significado especial, pois o escrevi, literalmente, ao lado de meu pai, em seus últimos dias nesse plano. Como em toda a sua trajetória, apresentava-se para mim como uma fortaleza, que me dava base e suporte para prosseguir. Dedico este livro ao meu pai, Leônidas, *in memoriam*, como uma singela forma de agradecimento por tudo que representou, e, ainda, representa em minha trajetória.

Dedico, ainda, ao meu grande amor, minha filha Giovana e à minha esposa, Fabiana, pois sem ela nada seria possível. Carinhosamente, dedico também à minha amada mãe, Waléria, e à minha madrinha, Martha, por todo apoio e dedicação que dispensou ao meu pai.

SOBRE OS AUTORES

Marcelo Rabelo Pinheiro é advogado formado pela Universidade Estácio de Sá, pós-graduando em Direito Processual Civil pela Inverta-ESA, Perito Grafotécnico, Documental e em Arbitramento de Honorários, e apaixonado professor. Especialista em Deontologia Jurídica é sócio-fundador do escritório *Rabelo Pinheiro Advogados Associados*, com atuação nas mais diversas áreas do Direito, especialmente em Direito das Famílias, Sucessões e Direito Internacional com foco na Comunidade Europeia (Polônia). Institucionalmente, é Conselheiro Suplente da OAB-RJ (2022/2024), Membro do Órgão Especial, da 1ª Câmara Especializada e da Comissão de Seleção e Inscrição do Conselho Seccional do Rio de Janeiro, estando Presidente da 8ª Turma Julgadora do Tribunal de Ética e Disciplina da OAB-RJ. Já foi Delegado da Comissão de Defesa, Assistência e Prerrogativas da OAB-RJ, nomeado Coordenador da referida Comissão no âmbito das Varas de Família. Foi Defensor Dativo no TED-RJ, compondo os quadros de membro do Tribunal de Ética e Disciplina desde 2017. Participa ativamente da campanha "Caravana do TED junto às Subseções" desde sua implementação, além de ser palestrante nas Universidades de graduação de direito do Estado do Rio de Janeiro, na área de Deontologia Jurídica e Prerrogativas dos Advogados. Foi agraciado com a Medalha *Moema Baptista*, concedida pela CAARJ aos que contribuíram para a assistência à advocacia durante a pandemia da COVID-19 e, recentemente (2022/2023) foi nomeado relator das alterações do Regimento Interno do TED-RJ (2022) e do Regimento Interno do Conselho Seccional da OAB-RJ (2023).

Thiago Camel de Campos é advogado, formado pela Universidade Estácio de Sá, no ano de 2009, exercendo a advocacia desde 2010, pós-graduado em Processo Civil pela Universidade Cândido Mendes-RJ, com participação em cursos de especialização em Direito do Consumidor, Direito Tributário e Empresarial, todos pela Escola Superior da Advocacia – ESA/OAB; com ênfase consultiva na assessoria para empresas, sendo sócio-fundador do escritório *Camel & Camel Sociedade de Advogados*. Na OAB-RJ, foi Delegado da Comissão de Prerrogativas no período de 2014 a 2018, tendo sido nomeado Coordenador da Comissão no âmbito das Varas Cíveis, no triênio de 2016/2018. No mesmo triênio, 2016/2018, foi nomeado Defensor Dativo do Tribunal de Ética e Disciplina da OAB-RJ, sendo nomeado Membro da 4ª Turma do Tribunal de Ética e Disciplina e, posteriormente, no ano de 2019, Membro da Turma Especial de Instrução, assumindo a sua Presidência, em junho de 2021. Participação, como palestrante, em Universidades de graduação e subseções da OAB-RJ com temas relacionados à Deontologia Jurídica e Prerrogativas dos Advogados. Sendo agraciado com a Medalha *Moema Baptista*, concedida pela CAARJ aos que contribuíram para a assistência à advocacia durante a pandemia da COVID-19.

APRESENTAÇÃO

Uma das tarefas mais difíceis a que foi incumbido o homem civilizado, por mais experiente, vivido, sábio e culto que ele seja, é julgar seu semelhante. Essa tarefa, que antes era apenas episódica na vida deste subscritor, mesmo depois que passou a ser diária, desde pouco mais de ano e meio atrás[1], ainda assim, continua árdua e quase todos os dias o faz se deparar com uma "Escolha de Sofia"[2].

E, mesmo que este signatário detivesse todas as características declinadas na primeira frase do parágrafo anterior — o que não é verdade, e isso torna ainda mais difícil sua nova vida profissional —, o dilema de dizer em favor de quem milita o melhor Direito, se da pessoa (física ou

[1] Tendo iniciado o curso de Direito da Universidade do Estado do Rio de Janeiro (UERJ) em agosto de 1994, inscrito nos quadros da OAB-RJ, de 1997 a 1999, como acadêmico, e de 1999 a 5 de maio de 2022 como advogado, o autor desta apresentação, 28 anos depois de seu início no mundo jurídico, tomou posse como Desembargador do Tribunal de Justiça do Estado do Rio de Janeiro (TJRJ) pelo rito do Quinto Constitucional da advocacia, por nomeação do Governador do Rio de Janeiro, através do Decreto Executivo de 14/4/22, após ter sido escolhido pelo Conselho Seccional da OAB-RJ para compor lista sêxtupla, em 17/3/22, e de ter sido o mais votado para integrar lista tríplice pelo Tribunal Pleno do mesmo Tribunal, na sessão de 11/4/22.

[2] ***A Escolha de Sofia*** é um romance de William Styron publicado em 1979. O livro relata a história de Stingo, um aspirante a escritor, que vai morar em uma pousada no Brooklyn, onde conhece um casal que vive um turbulento caso de amor e ódio. Nathan Landau, um judeu que se apresenta como cientista, e Sofia Zawistowk, uma polonesa sobrevivente do campo de concentração de *Auschwitz*, na II Guerra Mundial. O romance, que é em parte autobiográfico, narra o envolvimento de Stingo com a bela Sofia, assombrada pela terrível escolha que precisou fazer e que não somente definiu o resto da sua vida, como também se tornou uma expressão idiomática: fazer uma "escolha de Sofia", o que significa ver-se forçado a optar entre duas alternativas igualmente insuportáveis. O romance venceu o *National Book Award* de ficção em 1980. Em1982 foi lançado filme homônimo que valeu a Meryl Streep o Oscar de melhor atriz interpretando Sofia que, sob acusação de contrabando, é presa com seus dois filhos pequenos, um menino e uma menina, no famoso campo de concentração já mencionado, em que um sádico oficial nazista dá a ela a opção de salvar apenas uma das crianças da execução, ou ambas morrerão, obrigando-a a terrível decisão. O trauma é relembrado por Sofia em 1947, quando ela, morando em Nova York e casada com um judeu americano, vive um triângulo amoroso com um aspirante a escritor.

jurídica) "A" ou da "B", foi, é e sempre será algo angustiante, desde os tempos imemoriais que remontam ao estabelecimento dos mais antigos pretórios até o último deles que vier a exercer judicatura na Terra, ainda que se valha de Inteligência Artificial para formar seu convencimento, o que, aliás, já não é nem mais o futuro, mas, sim, o presente.

Porém, para piorar esta angústia de julgar um igual, nada se compara ao momento em que o julgador tem no seu "banco dos réus" um colega de profissão, experiência que tive por quase 5 anos como membro do Tribunal de Ética e Disciplina (TED) do Conselho Seccional da Ordem dos Advogados do Brasil, no Estado do Rio de Janeiro (OAB-RJ), entre 2017 e 2021, integrando e depois como Presidente da sua 4ª Turma, bem como membro do Tribunal Pleno.

Neste cenário, o igual passa a ser "qualificado", pois fora daquelas salas de audiências e de sessões da OAB-RJ, não raras são às vezes em que "Juiz" e "jurisdicionado" no TED estão em contato frequente na militância diária e corajosa da advocacia, pelos corredores dos foros e Tribunais, lutando para dali retirarem seu sustento e pão de cada dia, sendo que é possível, ao final da tramitação da Representação Ético-Disciplinar, que um deles seja dolorosamente retirado de combate, temporária ou definitivamente.

Foi atuando no TED que conheci os autores Thiago Camel e Marcelo Rabelo, quando passei a conviver mais de perto com ambos e pude perceber, desde logo, que eram talhados para aquela missão que, inclusive, nela continuam até os dias de hoje. Melhor, seguem auxiliando os colegas membros não só da sua Seccional, mas também de todos os TEDs da OAB do Brasil, de Subseções, Seccionais e até mesmo do Conselho Federal, desde o lançamento, com estrondoso sucesso, da obra homônima à ora apresentada em seu Livro I – Fase de Conhecimento, que agora tem sua continuação oportuna com o Livro II, em que tratam dos Recursos no processo ético-disciplinar.

Nunca vi um livro em que o apresentador deixasse de exaltar e elogiar os autores — gafe que não pretendo inaugurar com essas linhas —, mas afora o louvor e as deferências protocolares, posso dizer com muita sinceridade que, ao receber o convite para escrever esta apresentação do livro e feito a leitura do seu texto, meus olhos marejaram de emoção e ao mesmo tempo de alegria, pelo reconhecimento por parte de Thiago e Marcelo quanto à minha passagem pelo TED, quando pude colaborar, junto com eles, para uma depuração ética e pedagógica dos quadros de inscritos na OAB, melhorando a qualidade do profissional da advocacia que presta serviços à população em geral.

Não bastasse a honra de ser o apresentador, o privilégio aumenta mais ainda quando se trata da sequência de uma obra já muito bem sucedida no "Sistema OAB", que passou a ser de manuseio necessário e indispensável para todos aqueles que atuam em processos ético-disciplinares, seja como parte, advogado, defensor dativo, julgador e até para os funcionários da Ordem, lotados nos TEDs. E digo mais, em processos judiciais de cobranças de honorários ou de prestações de contas entre advogados e ex-clientes, tenho visto sobre as mesas de alguns Magistrados o Livro I e, certamente, passarei a ver o Livro II.

Filho de advogado militante que sou[3] e por ter vivido na advocacia e somente da advocacia por 45 anos — desde o nascimento até o primeiro mês de exercício da Desembargadoria, quando ainda não havia recebido meus vencimentos correspondentes àquele período inicial —, costumo dizer nas minhas apresentações em seminários, congressos, palestras e quaisquer mesas e rodas de conversa que, até 30 dias após a minha posse no TJRJ, todo alimento que até então ingeri teve como origem honorários de advogado, motivo do meu orgulho de ter servido ao TED e jamais ter tido qualquer anotação em meu prontuário ou na minha ficha de inscrição na OAB.

[3] Meu pai foi o advogado Ubiratan Marques, Presidente da 2ª Subseção da OAB-RJ (Duque de Caxias) por 2 biênios (83/85 e 85/87) e Conselheiro Seccional da OAB-RJ no biênio 87/89 (Presidente Carlos Maurício Martins Rodrigues).

Este seria o ideal para todos os advogados, o sonho utópico[4] de Thomas More[5], que de tão fiel aos princípios legais da sua época, estabelecidos pelo papado, virou Santo por não admitir negociar valores éticos, os quais eram dirigidos à generalidade das pessoas, em prol de uma interpretação pretendida para beneficiar apenas o Rei Henrique VIII, da Inglaterra[6].

Não pediria tanto, mas apenas que todos os causídicos espalhados pelo país se ativessem ao artigo 34 do Estatuto e ao Código de Ética e Disciplina da OAB, isto para que — entendam o que direi a seguir como uma triste ironia — não fossem tão necessárias as obras de Thiago Camel e Marcelo Rabelo, como infelizmente acabaram se transformando para o mundo real das relações advogado-cliente no Brasil.

Pois bem, o leitor atento certamente já percebeu que a narrativa desta apresentação tem um quê de "filme da vida" do apresentador, com várias referências à linguagem cinematográfica e de contação de histórias. Mas, não podia deixar de ser diferente, afinal, a vida do abaixo assinado e a da advocacia se confundem, tendo sido o TED da OAB-RJ a

---

4 *A Utopia* é uma obra escrita por Thomas More, em parte inspirada no livro "A República" de Platão, que começou a ser escrita em maio de 1515. Os primeiros trechos escritos foram a introdução e a descrição da sociedade da ilha de "Utopia". Divide-se em dois livros: no primeiro, existe uma crítica à Inglaterra da época em que o autor vivia; no segundo, apresenta uma sociedade alternativa. O personagem principal é o marinheiro, nascido em Portugal, Rafael Hitlodeu, que narra sua viagem a "Utopia" e descreve a sociedade que viu. "Utopia" é localizada no Novo Mundo. Morus relaciona as viagens de Rafael às verdadeiras viagens de descobrimento de Américo Vespúcio. Ele sugere que Rafael é um dos 24 homens que Vespúcio teria deixado em Cabo Frio. Rafael, então, viaja mais além e encontra a ilha de "Utopia", onde passa cinco anos observando os costumes dos nativos.

5 *Thomas More*, autor de "A Utopia", fez carreira como advogado, exerceu por algum tempo a cátedra universitária. Em 1504, fazia parte da Câmara dos Comuns, da qual foi eleito *Speaker* (ou presidente). Entrou para a corte de Henrique VIII em 1520. Foi várias vezes embaixador do Rei e tornou-se cavaleiro (*Knight*) em 1521. Foi nomeado vice-tesoureiro e depois Chanceler do Ducado de Lancaster e, a seguir, Chanceler da Inglaterra. Sofreu trágica morte — condenado a pena capital por se negar a reconhecer Henrique VIII, da Inglaterra, como cabeça da Igreja da Inglaterra.

6 Em sua célebre tentativa de anulação de seu casamento com Catarina de Aragão, que não conseguia lhe dar herdeiros.

principal preparação que o permitiu chegar ao TJRJ com a experiência necessária a enfrentar o desafio maior de, no confronto entre a Justiça e o Direito — metaforizado na fábula bíblica de David e Golias —, fazer sempre prevalecer a espada daquela.

Nessa linha, as lições e ensinamentos de Thiago Camel e Marcelo Rabelo, ilustrados com quadros esquemáticos muito didáticos, doutrina da melhor qualidade, jurisprudência da mais atualizada — inclusive do Conselho Federal — e comparativos entre regulamentos internos das Seccionais de todo o país, transformam o segundo episódio desta obra em uma sequência tão boa quanto a primeira, prometendo uma continuação que, pelo talento dos autores, irá bem mais além do que uma previsível trilogia, o que vislumbro se tornar uma daquelas franquias intermináveis de sucesso e que será sempre tida como exemplo de referência e excelência.

André L. M. Marques
Desembargador do TJRJ

PREFÁCIO

Prezado leitor,

Foi com imensa satisfação que recebi o convite para prefaciar a obra "Processo Ético-Disciplinar na OAB – Teoria e Prática (Livro II – Fase Recursal)", de autoria de meus queridos amigos Marcelo Rabelo Pinheiro e Thiago Camel de Campos, ambos profissionais de merecido destaque na advocacia e também autores do livro "Processo Ético-Disciplinar na OAB – Teoria e Prática (Livro I – Fase de Conhecimento)", cuja leitura se tornou obrigatória para todos que atuam no âmbito do sistema da OAB.

Nesta continuação da análise do processo ético-disciplinar da OAB, iniciado no primeiro livro, é impossível não reconhecer a profundidade do conhecimento e a paixão com que Marcelo e Thiago examinam minuciosamente os recursos cabíveis em nosso ordenamento disciplinar.

A singularidade desta obra é evidente na abordagem metódica e abrangente que os autores oferecem, fruto de seus perfis profissionais, adornados por uma vasta experiência em escritórios de advocacia, tribunais e instituições acadêmicas, em especial ao valioso trabalho que dedicam ao Tribunal de Ética e Disciplina da OAB-RJ, o que lhes confere autoridade inquestionável às análises e orientações apresentadas.

Os autores não apenas identificam e analisam questões procedimentais complexas, mas também oferecem orientações práticas que servem de bússola para aqueles que atuam nessa área tão impactante para a preservação da integridade da advocacia. Cada tema abordado nesta obra é uma expressão eloquente da experiência dos autores, aliada a uma *expertise* notável sobre o tema, o que torna a leitura deste livro essencial para todos os agentes do sistema da OAB.

Em suas análises criteriosas sobre as fases processuais em que tramitam as representações ético-disciplinares, os autores especificam os recursos cabíveis, indicam as competências de cada órgão e apontam os percursos a serem seguidos. Contudo, o efeito desta obra vai além de servir como um indispensável manual de processo disciplinar, pois transcende seu postulado, ao inspirar um compromisso renovado com os mais altos padrões éticos em benefício de uma advocacia cada vez mais respeitada.

De fato, mais do que o embasamento técnico no manejo dos diferentes recursos disponíveis em Lei, Regulamentos e Regimentos, esta obra nos brinda com conselhos valiosos e tangíveis, compartilhando jurisprudências relevantes e casos paradigmáticos que ilustram a aplicação dos diversos recursos no dia a dia da prática jurídica.

Ao desfrutar do talento dos autores, o leitor perceberá que o trabalho desenvolvido por eles não se restringiu a simples descrições das normas pertinentes e a posicionamentos genéricos e acríticos, ao contrário são orientações substanciais e fundamentadas, alinhadas com as complexidades do tema, acompanhadas, quando necessário, de críticas construtivas para o melhoramento de todo o sistema da OAB.

Em suma, com esta obra, os autores não apenas compartilham conhecimento, mas também moldam a discussão sobre o processo ético-disciplinar moderno.

Agradeço sinceramente aos meus amigos Marcelo e Thiago por enriquecerem nossa compreensão sobre o processo ético-disciplinar da OAB e pela generosidade do convite que me foi feito. Ganha a advocacia!

Carlos Alberto Menezes Direito Filho
Presidente do Tribunal de Ética e Disciplina da OAB/RJ
Triênio 2022/2024

ABREVIATURAS

CED – Código de Ética e Disciplina

CPC – Código de Processo Civil

CPP – Código de Processo Penal

DEOAB – Diário Eletrônico da OAB

EAOAB – Estatuto da Advocacia e da OAB

RGEAOAB – Regulamento Geral do Estatuto da Advocacia e da OAB

RIOAB/AC – Regimento Interno da Ordem dos Advogados do Brasil Seccional do Acre

RIOAB/AL – Regimento Interno da Ordem dos Advogados do Brasil Seccional de Alagoas

RIOAB/AP – Regimento Interno da Ordem dos Advogados do Brasil Seccional do Amapá

RIOAB/AM – Regimento Interno da Ordem dos Advogados do Brasil Seccional do Amazonas

RIOAB/BA – Regimento Interno da Ordem dos Advogados do Brasil Seccional da Bahia

RIOAB/CE – Regimento Interno da Ordem dos Advogados do Brasil Seccional do Ceará

RIOAB/DF – Regimento Interno da Ordem dos Advogados do Brasil Seccional do Distrito Federal

RIOAB/ES – Regimento Interno da Ordem dos Advogados do Brasil Seccional do Espírito Santo

RIOAB/GO – Regimento Interno da Ordem dos Advogados do Brasil Seccional de Goiás

RIOAB/MA – Regimento Interno da Ordem dos Advogados do Brasil Seccional do Maranhão

RIOAB/MT – Regimento Interno da Ordem dos Advogados do Brasil Seccional do Mato Grosso

RIOAB/MS – Regimento Interno da Ordem dos Advogados do Brasil Seccional do Mato Grosso do Sul

RIOAB/MG – Regimento Interno da Ordem dos Advogados do Brasil Seccional de Minas Gerais

RIOAB/PA – Regimento Interno da Ordem dos Advogados do Brasil Seccional do Pará

RIOAB/PB – Regimento Interno da Ordem dos Advogados do Brasil Seccional da Paraíba

RIOAB/PR – Regimento Interno da Ordem dos Advogados do Brasil Seccional do Paraná

RIOAB/PE – Regimento Interno da Ordem dos Advogados do Brasil Seccional de Pernambuco

RIOAB/PI – Regimento Interno da Ordem dos Advogados do Brasil Seccional do Piauí

RIOAB/RJ – Regimento Interno da Ordem dos Advogados do Brasil Seccional do Rio de Janeiro

RIOAB/RN – Regimento Interno da Ordem dos Advogados do Brasil Seccional do Rio Grande do Norte

RIOAB/RS – Regimento Interno da Ordem dos Advogados do Brasil Seccional do Rio Grande do Sul

RIOAB/RO – Regimento Interno da Ordem dos Advogados do Brasil Seccional de Rondônia

RIOAB/RR – Regimento Interno da Ordem dos Advogados do Brasil Seccional de Roraima

RIOAB/SC – Regimento Interno da Ordem dos Advogados do Brasil Seccional de Santa Catarina

RIOAB/SP – Regimento Interno da Ordem dos Advogados do Brasil Seccional de São Paulo

RIOAB/SE – Regimento Interno da Ordem dos Advogados do Brasil Seccional do Sergipe

RIOAB/TO – Regimento Interno da Ordem dos Advogados do Brasil Seccional do Tocantins

RITED/AC – Regimento Interno do Tribunal de Ética e Disciplina da Seccional do Acre

RITED/AL – Regimento Interno do Tribunal de Ética e Disciplina da Seccional de Alagoas

RITED/AP – Regimento Interno do Tribunal de Ética e Disciplina da Seccional do Amapá

RITED/AM – Regimento Interno do Tribunal de Ética e Disciplina da Seccional do Amazonas

RITED/BA – Regimento Interno do Tribunal de Ética e Disciplina da Seccional da Bahia

RITED/CE – Regimento Interno do Tribunal de Ética e Disciplina da Seccional do Ceará

RITED/DF – Regimento Interno do Tribunal de Ética e Disciplina da Seccional do Distrito Federal

RITED/ES – Regimento Interno do Tribunal de Ética e Disciplina da Seccional do Espírito Santo

RITED/GO – Regimento Interno do Tribunal de Ética e Disciplina da Seccional de Goiás

RITED/MA – Regimento Interno do Tribunal de Ética e Disciplina da Seccional do Maranhão

RITED/MT – Regimento Interno do Tribunal de Ética e Disciplina da Seccional do Mato Grosso

RITED/MS – Regimento Interno do Tribunal de Ética e Disciplina da Seccional do Mato Grosso do Sul

RITED/MG – Regimento Interno do Tribunal de Ética e Disciplina da Seccional de Minas Gerais

RITED/PA – Regimento Interno do Tribunal de Ética e Disciplina da Seccional do Pará

RITED/PB – Regimento Interno do Tribunal de Ética e Disciplina da Seccional da Paraíba

RITED/PR – Regimento Interno do Tribunal de Ética e Disciplina da Seccional do Paraná

RITED/PE – Regimento Interno do Tribunal de Ética e Disciplina da Seccional de Pernambuco

RITED/PI – Regimento Interno do Tribunal de Ética e Disciplina da Seccional do Piauí

RITED/RJ – Regimento Interno do Tribunal de Ética e Disciplina da Seccional do Rio de Janeiro

RITED/RN – Regimento Interno do Tribunal de Ética e Disciplina da Seccional do Rio Grande do Norte

RITED/RS – Regimento Interno do Tribunal de Ética e Disciplina da Seccional do Rio Grande do Sul

RITED/RO – Regimento Interno do Tribunal de Ética e Disciplina da Seccional de Rondônia

RITED/RR – Regimento Interno do Tribunal de Ética e Disciplina da Seccional de Roraima

RITED/SC – Regimento Interno do Tribunal de Ética e Disciplina da Seccional de Santa Catarina

RITED/SP – Regimento Interno do Tribunal de Ética e Disciplina da Seccional de São Paulo

RITED/SE – Regimento Interno do Tribunal de Ética e Disciplina da Seccional do Sergipe

RITED/TO – Regimento Interno do Tribunal de Ética e Disciplina da Seccional do Tocantins

TED – Tribunal de Ética e Disciplina

TED/AC – Tribunal de Ética e Disciplina da Seccional do Acre

TED/AL – Tribunal de Ética e Disciplina da Seccional de Alagoas

TED/AP – Tribunal de Ética e Disciplina da Seccional do Amapá

TED/AM – Tribunal de Ética e Disciplina da Seccional do Amazonas

TED/BA – Tribunal de Ética e Disciplina da Seccional da Bahia

TED/CE – Tribunal de Ética e Disciplina da Seccional do Ceará

TED/DF – Tribunal de Ética e Disciplina da Seccional do Distrito Federal

TED/ES – Tribunal de Ética e Disciplina da Seccional do Espírito Santo

TED/GO – Tribunal de Ética e Disciplina da Seccional de Goiás

TED/MA – Tribunal de Ética e Disciplina da Seccional do Maranhão

TED/MT – Tribunal de Ética e Disciplina da Seccional do Mato Grosso

TED/MS – Tribunal de Ética e Disciplina da Seccional do Mato Grosso do Sul

TED/MG – Tribunal de Ética e Disciplina da Seccional de Minas Gerais

TED/PA – Tribunal de Ética e Disciplina da Seccional do Pará

TED/PB – Tribunal de Ética e Disciplina da Seccional da Paraíba

TED/PR – Tribunal de Ética e Disciplina da Seccional do Paraná

TED/PE – Tribunal de Ética e Disciplina da Seccional de Pernambuco

TED/PI – Tribunal de Ética e Disciplina da Seccional do Piauí

TED/RJ – Tribunal de Ética e Disciplina da Seccional do Rio de Janeiro

TED/RN – Tribunal de Ética e Disciplina da Seccional do Rio Grande do Norte

TED/RS – Tribunal de Ética e Disciplina da Seccional do Rio Grande do Sul

TED/RO – Tribunal de Ética e Disciplina da Seccional de Rondônia

TED/RR – Tribunal de Ética e Disciplina da Seccional de Roraima

TED/SC – Tribunal de Ética e Disciplina da Seccional de Santa Catarina

TED/SP – Tribunal de Ética e Disciplina da Seccional de São Paulo

TED/SE – Tribunal de Ética e Disciplina da Seccional do Sergipe

TED/TO – Tribunal de Ética e Disciplina da Seccional do Tocantins

Sumário

1. Introdução

A presente obra dá continuidade ao projeto iniciado no Livro I – Fase de Conhecimento, buscando, mais uma vez, preencher a grande lacuna doutrinária no que tange aos procedimentos disciplinares no sistema OAB, desta vez, com relação aos recursos disciplinares.

A maior dificuldade enfrentada pelos operadores do direito que se dedicam ao processo ético-disciplinar, além da escassez de material bibliográfico, se apresenta na falta de uniformização dos procedimentos a nível nacional e em um único diploma legal. Tal qual ocorre com os procedimentos na fase de conhecimento, a fase recursal demanda um exercício de consulta a diversos dispositivos legais espalhados entre a Lei 8.906/94, o Regulamento Geral do Estatuto da Advocacia, o Código de Ética e Disciplina, os Regimentos Internos de cada uma das 27 Seccionais, os Regimentos Internos dos Tribunais de Ética e Disciplina das Seccionais do Brasil, bem como Provimentos, Resoluções e Súmulas do Conselho Federal e das Seccionais.

Como reflexão, podemos almejar um futuro próximo em que todo o regramento procedimental no sistema OAB se encontre em uma única fonte de consulta, tal qual vemos no Código de Processo Civil, vislumbrando uma realidade em que possamos nos debruçar sobre um projeto legislativo que inaugure um Código de Processo Disciplinar no Sistema OAB. Entretanto, enquanto tal desejo não se torna realidade, o presente livro tem por objetivo, sem qualquer pretensão de esgotar o tema, apresentar aos leitores os procedimentos recursais nos processos ético-disciplinares, adentrando aos detalhes de cada Seccional, em especial a do Estado do Rio de Janeiro que, após uma demorada e cuidadosa pesquisa, demonstrou apresentar um maior número de possibilidades recursais.

Embora o livro aborde o tema sob a perspectiva do processo ético-disciplinar, serão exploradas as possibilidades de recurso em alguns outros processos no sistema OAB, como nos pedidos de revisão e de reabilitação.

Nas páginas adiante serão abordados, também, apesar de não se enquadrarem na definição de recurso, os procedimentos de revisão e de reabilitação, pouco conhecidos pelos advogados que restaram penalizados em processos disciplinares, mas de extrema valia para a defesa indireta no âmbito ético-disciplinar , suas peculiaridades, requisitos, questões polêmicas, entre outros.

Voltando os olhos ao Estado do Rio de Janeiro, enquanto a presente obra está sendo desenvolvida, encontra-se em tramitação a proposta de alteração do Regimento Interno do Conselho Seccional do Rio de Janeiro, que prevê alterações pontuais e relevantes no que se refere ao tema deste livro, bem como já resta aprovado — em dezembro de 2022 — pelo Plenário do Tribunal de Ética e Disciplina do Rio de Janeiro, o seu Regimento Interno, pendente de aprovação pelo Conselho Seccional e Federal, ambos de relatoria do Dr. Marcelo Rabelo Pinheiro, que serão apenas mencionados *en passant* na presente obra, ante a possibilidade de eventuais vetos que prejudiquem afirmar sua aprovação integral.

Ademais, depois da cuidadosa análise dos Regimentos Internos das Seccionais do Brasil e de seus Tribunais de Ética e Disciplina, pôde-se observar que a ausência de normatização dos procedimentos recursais é geral, limitando-se, em sua grande maioria, a afirmar a possibilidade de determinado recurso, muitas vezes, desprovidos até de nomenclatura própria ou procedimento a ser adotado.

Que não se entenda como crítica o que acabamos de narrar, mas apenas reflexão e, quem sabe, o início de uma perspectiva de uniformização procedimental de modo, sempre, a resguardar o melhor interesse da advocacia. Decerto, objetivando evitar o total silêncio quanto aos recursos no âmbito de seus órgãos julgadores, e garantindo o mais amplo exercício de defesa daqueles que se encontram representados disciplinarmente, e na tentativa de proporcionar maior segurança jurídica neste sentido, ainda que indiretamente e de forma genérica, optou-se por prever as possibilidades de todos os recursos a fim de não deixar uma grande lacuna neste aspecto.

E como já narrado, cada Seccional do Brasil, na forma do art. 144, parágrafo único do RGEAOAB, regulamenta os recursos em espécie no âmbito de seus órgãos julgadores, o que se transforma em possibilidades totalmente diversas de acordo com cada Seccional.

Por questão didática, este livro tratará cada recurso isoladamente, apresentando quadro individualizado de cada Seccional do país quanto a estrutura recursal, objetivando abranger todo aquele que pretende atuar nos processos disciplinares do sistema OAB, independente da Seccional em que tramite o processo.

Noutro giro, não se pode perder de vista que os recursos específicos no âmbito de cada órgão julgador das Seccionais do Brasil não afastam os recursos previstos na Lei 8906/94, no Regulamento Geral do Estatuto da Advocacia e do Código de Ética e Disciplina.

2. Estrutura da fase recursal

Falar da estrutura da fase recursal desafia a análise individual de cada uma das 27 Seccionais do país, embora todas se assemelhem de alguma forma, respeitadas suas diferenças administrativas. À exceção do Agravo, admitido, expressamente, em alguns Regimentos Internos e tacitamente, embora não revestido da nomenclatura de agravo, na Lei 8.906/94[7], pode-se afirmar que os recursos somente são possíveis contra decisões proferidas por órgãos julgadores, assim entendidas as Turmas, Plenário do TED, Conselho Seccional e Órgão Especial, Câmaras, entre outros.

Limitaremos nesta obra os recursos no âmbito dos processos disciplinares, reforçando a inevitável necessidade de se adotar um sistema processual nacional, evitando, assim, os inúmeros desdobramentos e possibilidades recursais possíveis em cada uma das Seccionais.

Longe de se tratar de uma crítica aberta, a amplitude organizacional da estrutura processual conferida pela legislação de forma autônoma a cada uma das 27 Seccionais do país, contribui para uma inegável insegurança jurídica, visto que cada uma regulamentará os recursos no âmbito de seus Órgãos Julgadores, bem como sua tramitação.

Nos permitimos, sem qualquer desmerecimento ao sistema que temos a honra de participar, tecer alguns comentários mais firmes acerca de determinados temas, que merecem especial atenção e desafiam uma futura uniformização, senão vejamos:

As Turmas Julgadoras dos Tribunais de Ética e Disciplina se equiparam, em uma analogia livre e exemplificativa, ao primeiro grau de jurisdição, sendo o primeiro Órgão Julgador nos processos disciplina-

---

[7] Art. 76 do EAOAB.

res. Embora não se trate de uma decisão monocrática proferida por um juiz, uma vez que as decisões das Turmas são colegiadas, é inegável que aquela será a primeira decisão de mérito da questão ético-disciplinar apresentada à OAB.

Esta decisão estaria sujeita, em caso de recurso manejado por qualquer das partes, ao que seria considerado o segundo grau de jurisdição, ou seja, o Órgão Colegiado hierarquicamente superior àquele que proferiu a decisão combatida. Neste caso, o mais lógico seria a competência do Conselho Seccional para a análise das decisões tomadas em primeiro grau, pelo Tribunal de Ética e Disciplina.

E aqui, apresentamos o primeiro ponto a ser debatido: muitos regimentos internos dos Conselhos Seccionais ou dos Tribunais de Ética incluem outra possibilidade, a submissão da decisão combatida ao Plenário do Tribunal de Ética e Disciplina caso a decisão não tenha sido unânime, através de recurso denominado Embargos Infringentes.

Seria, então, nos casos de decisões não unânimes, o Plenário do TED o segundo grau de jurisdição, elevando o Conselho Seccional a um "terceiro grau" de jurisdição e, consequentemente, o Conselho Federal a "quarto grau". Ademais, a criação desta "instância" intermediária não observa o princípio da isonomia, a razão de que as decisões unânimes da Turma Julgadora não serão revistas pelo Plenário do TED.

Desta forma, entendemos que o Plenário dos Tribunais de Ética e Disciplina deveriam ter sua competência restrita aos processos de suspensão preventiva, elaboração e aprovação do regimento interno do Tribunal, uniformização de jurisprudências e aprovações de súmulas, sendo os recursos das decisões de suas Turmas Julgadoras dirigidos diretamente ao Conselho Seccional.

Assim sendo, caberia ao Conselho Federal o papel de instância superior, a analisar a legalidade, à luz do Estatuto, do Regulamento Geral e demais decisões dos Conselhos Seccionais, de determinada decisão inicialmente proferida pelas Turmas Julgadoras que tenham sido submetidas ao crivo do Conselho Seccional, ou que deste sejam decorrentes por ocasião de competência exclusiva.

Nossa maior crítica à competência de apreciação de recurso pelo Tribunal Pleno dos Tribunais de Ética e Disciplina é, além da criação de uma nova instância revisora, a probabilidade de se arrastar o tramitar processual que poderá ensejar o nefasto instituto da prescrição. Como se abordou na última edição do Livro I – Fase de Conhecimento, tal questão já vem ocorrendo na prática e desafiou a jurisprudência a prever a possibilidade de reconhecimento da interrupção da prescrição a cada decisão colegiada que confirmar condenação, o que, como narrado naquela obra, se demonstra interpretação *contra legem* da Lei 8.906/94 em prejuízo à parte Representada.

É preciso registrar, ainda, a existência da Turma Especial de Instrução Disciplinar que, no caso da Seccional do Rio de Janeiro foi criada por força do art. 8º, alínea 'd' do RITED/RJ, detendo competência de instrução dos processos ético-disciplinares que serão, posteriormente, submetidos a uma das Turmas Julgadoras, com a designação de nova relatoria.

Neste aspecto, a tramitação do processo na Turma Especial de Instrução Disciplinar, que como já narrado antecede à atuação da Turma Julgadora, possui atos decisórios de extrema relevância à marcha processual, tais como a admissão ou inadmissão do processo disciplinar, seu saneamento com apreciação do acervo probatório, findando-se com a elaboração de Parecer Preliminar, que possui viés opinativo ao julgamento da demanda diante de tudo aquilo que se apurou na fase instrutória, como melhor destrinchado no Livro I – Fase de Conhecimento.

Dito isto, durante a tramitação do processo perante a Turma Especial de Instrução, ou perante uma das Comissões de Ética e Disciplina das Subseções, existe a possibilidade do arquivamento liminar, aquele que ocorre quando não se encontram preenchidos os pressupostos mínimos de admissibilidade da representação, na forma do art. 57 do CED, bem como, se admitido e instaurado o processo, há ainda a possibilidade do indeferimento liminar, que apreciando o mérito do processo, pode a relatoria constatar, diante das provas produzidas, o afastamento da ocorrência de falta disciplinar, manifesta-se pelo indeferimento liminar a ser submetido ao crivo do Presidente do Conselho Seccional, conforme disposto no art. 73, §2°, do EAOAB.

Portanto, como demonstrado, durante a fase de instrução processual também é possível a ocorrência de atos decisórios, como indeferimento de provas e acolhimento, ou não, do indeferimento liminar pelo Presidente do Conselho Seccional, por exemplo, o que consequentemente atrai a possibilidade de interposição de recursos, conforme leciona o art. 76 do EAOAB. Afinal, não é possível admitir que tenhamos no sistema OAB decisões revestidas de cunho irrecorrível ou, ainda, que sua recorribilidade esteja postergada a momento posterior, o que será melhor explorado mais adiante.

Ultrapassadas as questões supracitadas, e resguardado nosso entendimento quanto à necessidade de uniformização dos procedimentos e estruturas processuais, no sistema OAB, passamos à análise de cada um dos graus de jurisdição.

2.1 Dos graus de jurisdição recursal

Como já narrado anteriormente, existem 3 (três) possíveis graus de jurisdição recursal no âmbito do sistema OAB, no que se refere aos processos disciplinares, considerando que as Turmas Julgadoras não compõem a fase recursal.

Embora cada Seccional possa estruturar cada um dos graus de jurisdição de forma diferenciada, é certo que a estrutura base permanece a mesma, ainda que se alterada a nomenclatura do Órgão. Para que fique mais claro o que acabamos de afirmar, existe a possibilidade de existência de Órgão Especial no âmbito do Conselho Seccional, mas este atua exatamente como o Conselho, certo de que suas decisões, em sede de recurso, se equivalem àquelas proferidas pelo Pleno do Conselho.

Nas páginas seguintes, indicaremos os casos em que houver a possibilidade definida em Regimento Interno de cada Seccional ou Tribunal de Ética de nomenclatura diversa de determinado Órgão Julgador recursal, e que será incluído no tópico do que chamamos de órgão base.

2.1.1 Plenário (ou Tribunal Pleno) do Tribunal de Ética e Disciplina

Chamado na maioria dos Regimentos Internos de Tribunal Pleno, embora alguns o chamem de Plenário do Tribunal de Ética e Disciplina, nem todos os TEDs das Seccionais do país dotaram seu Pleno com competência para análise de recurso.

O TED do Ceará, por exemplo, embora possua Tribunal Pleno, instituiu em seu RITED/CE a competência para decidir sobre suspensão preventiva[8], bem como a de decidir Agravo Interno contra decisão monocrática do Presidente do TED[9], certo de que das decisões terminativas, unânimes ou não, das Turmas ou de seu Pleno serão os recursos dirigidos ao Conselho Seccional[10].

Entretanto, a grande maioria dos TEDs, a nível nacional, institui a competência de seu Tribunal Pleno para o processamento e julgamento de recursos não unânimes de suas Turmas Julgadoras, utilizando-se do recurso denominado Embargos Infringentes, cuja análise do referido recurso se dará mais adiante.

Dito isto, os Tribunais Plenos dos TEDs, quando existentes nos Conselhos Seccionais, são formados por todos os integrantes do Tribunal de Ética e Disciplina, ou seja, o Presidente do Tribunal, sua diretoria e os membros das Turmas Julgadoras.

---

8 Art. 34 do RITED/CE.

9 Art. 73, III do RITED/CE.

10 Art. 73, I do RITED/CE.

A título de curiosidade, no Tribunal de Ética e Disciplina do Rio de Janeiro existe uma Turma não julgadora — a Turma Especializada de Instrução Processual —, composta por membros que possuem atribuição exclusiva de instrução processual, mas que compõem o Plenário do TED nas questões de sua competência, como suspensão preventiva ou julgamento de embargos infringentes, por exemplo.

Há dentre os estudiosos do processo ético-disciplinar e os membros dos Tribunais de Ética e Disciplina uma compreensão quanto à limitação da competência do Tribunal Pleno em matéria recursal, especialmente no que tange à escolha da nomenclatura do recurso a ele dirigido — os Embargos Infringentes.

Nesta toada, há quem defenda que os recursos contra decisões não unânimes, direcionados ao Tribunal Pleno, se limitam à análise de prevalência de um dos votos, vencedor ou vencidos, sem que seja permitida a prolação de decisão que se afaste daquelas proferidas pelas Turmas Julgadoras. Seria o mesmo que dizer que o Tribunal Pleno tem por objetivo fazer prevalecer o entendimento de todo o Tribunal de Ética e Disciplina a despeito da divergência de entendimento em uma de suas Turmas.

A problemática que vemos nesta corrente é que se engessa a possibilidade do Tribunal Pleno de corrigir determinada decisão majoritária proferida pela Turma Julgadora caso nenhuma delas se amolde às normas de regência, à jurisprudência do Tribunal ou a Súmula do Conselho Federal ou Seccional.

Guardadas as necessárias ressalvas que temos quanto à competência do Tribunal Pleno do TED em rever as decisões proferidas por suas Turmas Julgadoras, estas que são órgãos fracionários do mesmo Tribunal, há corrente que defende a necessidade da manutenção de tal competência, sob o fundamento de permitir decisões inovadoras por aquele Plenário.

Veja a questão aqui debatida sob forma de crítica construtiva, que versa sobre uma maior chance de prejudicar as partes e a marcha processual com a manutenção desta “instância recursal intermediária”, do que traria qualquer benefício. Como narrado, aqueles que obtiveram uma decisão unânime serão tratados de forma diferente, processualmente falando, com a supressão de uma "instância", enquanto aqueles que obtiverem uma decisão majoritária terão uma "instância revisora" a mais, com maior probabilidade de alteração do julgado.

Não é razoável um tratamento processual desigual, beneficiando-se determinada parte que obtenha uma decisão majoritária, enquanto aquela que obteve uma decisão unânime não terá as mesmas chances de revisão daquela decisão.

Por fim, tem-se que tais questões são trazidas a título de reflexão e estudo para rumos futuros, pois muitas vezes o ímpeto de fazer valer o salutar e indissociável direito de defesa acaba por tratar de maneira desigual aqueles que, a bem da verdade, são iguais.

2.1.2 Conselho Seccional

Formado exclusivamente por Conselheiros, estes eleitos em conjunto com a Diretoria da Seccional a cada triênio, proporcionalmente ao número de inscritos, o Conselho de cada Seccional detém, entre outras competências, a de processar e julgar recursos manejados contra decisões do Tribunal de Ética e Disciplina.

O Conselho Seccional pode se dividir, dentre outros, em:

a) Órgãos Deliberativos;
b) Câmaras Especializadas, geralmente com competências específicas para julgar recursos em processos de inscrição, de desagravo, entre outros;
c) Conselho Pleno, formado por todos os Conselheiros Seccionais, efetivos ou suplentes, e que possui, dentre outras, a competência para julgar recursos e as exclusivas de reexame necessário de penalidades de exclusão e de declaração de inidoneidade de advogado ou candidato a advogado;

d) Órgão Especial, com a mesma competência do Conselho Pleno, exceto aquelas que necessitam de *quorum* qualificado como, por exemplo, o reexame necessário de penalidades de exclusão e de declaração de inidoneidade de advogado ou candidato a advogado.

Não se afaste que a competência do Conselho Seccional é mais ampla do que o processamento e julgamento de recursos decorrentes de processos disciplinares, mas ao que interessa ao presente estudo, nos limitaremos a tal competência, de forma a facilitar a compreensão e a análise de cada recurso individualmente.

Nesta clave, tem-se que toda decisão proferida pelo Tribunal de Ética e Disciplina é passível de recurso ao Conselho Seccional, na forma do que dispõe o art. 58, III do EAOAB, ressalvadas as possibilidades de, anteriormente, ser a decisão não unânime submetida ao Tribunal Pleno do TED nos casos em que o regimento interno do Conselho assim definir.

> *Art. 58. Compete privativamente ao Conselho Seccional:*
> *[...]*
> *III – julgar, em grau de recurso, as questões decididas por seu Presidente, por sua diretoria, pelo Tribunal de Ética e Disciplina, pelas diretorias das Subseções e da Caixa de Assistência dos Advogados;*
> *[...]*

Observe-se que o supracitado dispositivo legal reforça a tese defendida nesta obra, no sentido de que a competência para julgar em grau de recurso as decisões proferidas pelo Tribunal de Ética e Disciplina é privativa do Conselho Seccional, sendo a inclusão do Tribunal Pleno antes da competência do Conselho uma construção interna de cada Seccional.

2.1.3 Conselho Federal

O Conselho Federal representa o último grau de jurisdição dos processos disciplinares no sistema OAB, cuja competência é definida em Lei Federal (EAOAB) e regulamentada pelo Regulamento Geral do Estatuto, não sendo qualquer decisão proferida, pelos Conselhos Seccionais, passível de recurso ao Conselho Federal.

O art. 54, IX da Lei 8.906/94 define a competência do Conselho Federal para julgar em grau de recurso as questões decididas pelos Conselhos Seccionais, nos casos previstos no Estatuto e no Regulamento Geral. E nesta toada, o art. 75 do EAOAB assim dispõe:

> *Art. 75. Cabe recurso ao Conselho Federal de todas as decisões definitivas proferidas pelo Conselho Seccional, quando não tenham sido unânimes ou, sendo unânimes, contrariem esta lei, decisão do Conselho Federal ou de outro Conselho Seccional e, ainda, o regulamento geral, o Código de Ética e Disciplina e os Provimentos.*
>
> *Parágrafo único. Além dos interessados, o Presidente do Conselho Seccional é legitimado a interpor o recurso referido neste artigo.*

Observe-se que somente as decisões não unânimes ou aquelas unânimes que contrariem o Estatuto, o Regulamento Geral, o Código de Ética e Disciplina, decisão do Conselho Federal ou de outro Conselho Seccional ou os Provimentos poderão ser submetidas, em grau de recurso, ao Conselho Federal.

No que se refere às decisões não unânimes, não há necessidade de demonstração de violação de preceitos legais ou contrariedade a decisões do Conselho Federal, basta que a decisão seja por maioria para que a questão possa ser submetida à apreciação do Órgão Superior.

Todavia, para a formação de recurso em face de decisão unânime dos Conselhos Seccionais, é imprescindível – sendo condição de admissibilidade – a demonstração inequívoca de contrariedade às normas descritas no art. 75 do EAOAB.

A estrutura recursal do Conselho Federal está definida no art. 64 do RGEAOAB, dividido entre:

a) Conselho Pleno;
b) Órgão Especial do Conselho Pleno;
c) Primeira, Segunda e Terceira Câmaras;
d) Diretoria;
e) Presidente.

Entretanto, nem toda a estrutura do Conselho Federal possui competência para deliberar acerca de recursos, como é o caso da Diretoria, Presidência e do Conselho Pleno. Desta forma, temos como competentes para conhecer de recurso o Órgão Especial do Conselho Pleno e as Primeira, Segunda e Terceira Câmaras.

2.1.3.1 Competência Recursal no Conselho Federal

A Primeira Câmara tem competência para decidir os recursos que versarem sobre atividade de advocacia e direitos e prerrogativas dos advogados e estagiários, inscrição nos quadros da OAB, incompatibilidades e impedimentos e decisões de seu presidente[11].

A Segunda Câmara tem competência para decidir os recursos sobre ética e deveres do advogado, infrações e sanções disciplinares e aqueles decorrentes de decisões de seu presidente. Veja que, no caso dos processos disciplinares envolvendo infrações e sanções ético-disciplinares, a competência para conhecer e julgar de seus recursos[12].

---

11 Art. 88 do RGEAOAB.

12 Art. 89 do RGEAOAB.

Entretanto, diferente da Primeira e da Terceira Câmara, a Segunda Câmara é dividida em três Turmas, cujos processos a ela distribuídos são repartidos igualmente, sendo as decisões destas Turmas sujeitas a recurso ao Pleno da Segunda Câmara quando não unânimes ou, em sendo unânimes, contrariem a Constituição, as leis, o Estatuto, decisões do Conselho Federal, o Regulamento Geral, o Código de Ética e Disciplina ou os Provimentos[13].

Desta decisão proferida pelo Pleno da Segunda Câmara não cabe recurso, ressalvada a hipótese de Embargos de Declaração, na forma do que dispõe o art. 89-A, §5° do RGEAOAB.

Há ainda a possibilidade, quando do julgamento do recurso perante a Segunda Câmara, do relator ou qualquer membro da Turma suscitar que seja a matéria submetida ao Pleno da Câmara quando se tratar de matéria relevante ou complexa, bem como diante de questão de ordem que implique adoção de procedimentos comuns pelas Turmas.

Já a Terceira Câmara tem competência para decidir os recursos relativos à estrutura, aos órgãos e ao processo eleitoral da OAB, sobre sociedades de advogados, advogados associados e advogados empregados e os derivados de decisões de seu Presidente[14].

Dito isto, do que se observa, ao que interessa ao processo ético-disciplinar, dentre as três Câmaras do Conselho Federal, apenas a Segunda Câmara tem competência para análise e julgamento de recursos.

Entretanto, não se pode deixar de analisar a existência e competência do Órgão Especial do Conselho Pleno. Na forma do que dispõe o art. 85 do RGEAOAB, a competência recursal do OEP se limita às decisões proferidas pelas Primeira e Terceira Câmaras, quando não tenham sido unânimes ou, sendo unânimes, contrariem a Constituição, as leis, o Estatuto, decisões do Conselho Federal, o Regulamento Geral, o Código de Ética e Disciplina ou os Provimentos, ou ainda quanto a decisões de seu presidente.

---

13 Art. 89-A do RGEAOAB.

14 Art. 90 do RGEAOAB.

Embora as decisões proferidas pela Segunda Câmara, que é o último órgão recursal em matéria disciplinar, não sejam passíveis de recurso ao Órgão Especial do Conselho Pleno, há expressa previsão de sua competência recursal quando a decisão da Segunda Câmara se der em pedido de revisão. Já nos processos de sua competência originária ou de determinação de abertura de processo pelo Conselho Seccional[15], é passível de recurso ao Órgão Especial quando não tenham sido unânimes ou, sendo unânimes, contrariem a Constituição, as leis, o Estatuto, decisões do Conselho Federal, o Regulamento Geral, o Código de Ética e Disciplina ou os Provimentos.

A estrutura base, excluindo-se peculiaridades de cada uma das Seccionais, é assim definida nos processos disciplinares:

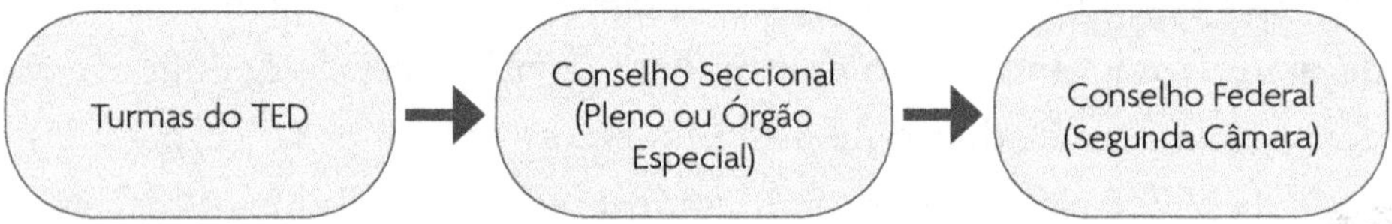

Incorporando à estrutura acima a possibilidade de embargos infringentes em algumas Seccionais do país, nos casos de decisão não unânime proferida pela Turma Julgadora do TED, temos a seguinte estrutura:

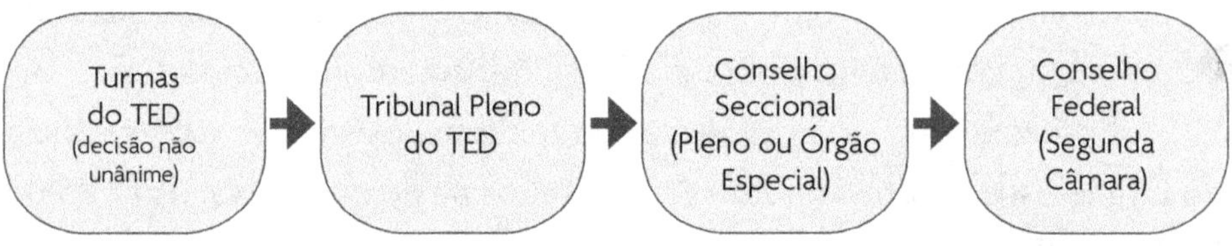

[15] Art. 85, II do RGEAOAB.

2.2 Instâncias Recursais Diferenciadas em determinadas Seccionais

Em determinadas Seccionais, a estrutura interna dispõe a competência de Órgãos Julgadores de forma diversa, dividindo o Conselho Seccional em órgãos fracionários, com competências especificadas em seus regimentos internos. Neste capítulo, abordaremos algumas Seccionais que apresentam estrutura específica para julgamento de recursos no âmbito de seus Conselhos.

Que não nos afastemos do fato de que, ainda que determinado órgão fracionário tenha nomenclatura diversa, tais órgãos exercem a competência do respectivo Conselho no que tange aos recursos interpostos em processo disciplinar, guardadas as críticas a determinadas instâncias recursais que não se encontram na mesma linha hierárquica que os Conselhos, como é caso dos Tribunais Pleno dos TEDs, por exemplo.

Sem qualquer demérito a qualquer Conselho Seccional, apresentaremos a seguir apenas algumas estruturas diferenciadas em alguns estados, considerando que a grande maioria segue uma estrutura comum, que foi destaca do tópico próprio anteriormente.

2.2.1 Mato Grosso

O Conselho Seccional do Mato Grosso criou como órgãos fracionários as Turmas Julgadoras[16], com competência para julgar recursos oriundos dos processos do Tribunal de Ética e Disciplina e de seu Tribunal de Defesa de Prerrogativas, excepcionadas as matérias de competência do Conselho Pleno, como declaração de inidoneidade e aplicação da pena de exclusão, na forma do art. 42, I, do RIOAB/MT.

Uma questão relevante a ser destacada, considerando nossa posição crítica quanto à possibilidade de recursos a órgãos da mesma ins-

[16] Art. 37 e ss. do RIOAB/MT.

tância, e que restou perfeitamente observada pelo Regimento Interno da OAB/MT diz respeito ao não cabimento de recurso ao Conselho Pleno das decisões proferidas pelas Turmas Julgadoras, excetuando-se, por razões claras, caso a decisão afronte a autoridade ou a competência do Conselho Pleno[17].

E neste particular, acertadamente, das decisões proferidas pelas Turmas Julgadoras – órgãos fracionários do Conselho Seccional, poderão ser objeto de recurso ao Conselho Federal, e não ao Conselho Pleno Seccional, guardada a exceção trazida pela norma.

2.2.2 Minas Gerais

Já a Seccional de Minas Gerais dispõe a competência para processar a julgar recursos interpostos contra decisões proferidas pelo Tribunal de Ética e Disciplina para o Órgão Especial do Conselho, na forma do art. 18, V, alínea "a" do RIOAB/MG, que é composto por 45 (quarenta e cinco) Conselheiros Seccionais e 1 Presidente, divididos em 3 Turmas Julgadoras. Observe-se que não há qualquer diferenciação, como em outras Seccionais, se a decisão proferida foi majoritária ou unânime.

Cabe aqui um parêntese, quanto ao disposto no art. 16, §3º do RIOAB/MG que, tal qual recente alteração no Regimento Interno do TED do Rio de Janeiro, o voto de qualidade do Presidente não é relevante quando se tratar de processo ético-disciplinar, prevalecendo a decisão mais favorável ao advogado representado em caso de empate.

Tal qual mencionamos quando nos referimos à estrutura processual da Seccional do Pará, a escolha de Minas Gerais por concentrar a competência de seu Órgão Especial para processar e julgar todos os recursos decorrentes de decisões proferidas pelo Tribunal de Ética e Disciplina se apresenta como uma acertada opção, facilitando a atuação daqueles envolvidos nos processos ético-disciplinares.

---

17 Art. 42, parágrafo único, RIOAB/MT.

2.2.3 Pará

No caso da Seccional do Pará, o seu Regimento Interno dispõe no art. 35, VI, alínea "b" a competência do Conselho Seccional, ao que importa aos recursos em processos ético-disciplinares, de julgar em grau de reexame obrigatório os processos disciplinares, ou não, que envolvam a declaração de inidoneidade moral e a aplicação da pena de exclusão do advogado.

Por sua vez, a estrutura da OAB/PA criou, no âmbito de seu Conselho Seccional, a Câmara de Disciplina, disposta na forma do art. 73 do RIOAB/PA, sendo sua competência julgar, em grau de recurso, as decisões proferidas pelos órgãos do TED, bem como as decisões de indeferimento ou arquivamento liminar de representações disciplinares.

A nosso ver, a estrutura da OAB/PA é a que melhor representa a correta tramitação processual, evitando-se a criação de inúmeras instâncias e a remessa de processos disciplinares àqueles que não detenham conhecimentos mínimos para a análise. Veja que a Câmara de Disciplina é composta por 4 (quatro) Turmas julgadoras, cada uma delas com 6 (seis) conselheiros efetivos e um presidente diretor da Seccional, permitindo, assim, que sejam compostas por membros de notório saber jurídico relacionado à área da ética e disciplina.

Das decisões da Câmara de Disciplina, por se tratar de órgão do Conselho Seccional da OAB/PA, os recursos contra suas decisões devem ser direcionados ao Conselho Federal, desde que preenchidos os requisitos para tal.

2.2.4 Paraná

O Regimento Interno da Seccional do Paraná delega a competência para conhecer e julgar recursos em processos disciplinares às Turmas da Câmara de Disciplina do Conselho Seccional, na forma do art. 34 e 36 do RIOAB/PR, excetuando-se recursos das decisões que envolvam averiguação de idoneidade moral e aplicação da pena de exclusão. A Câmara de Disciplina do Conselho Seccional é, portanto, a instância superior das Turmas de Julgamento do TED, respeitando-se a competência exclusiva do Conselho Pleno nos casos de inidoneidade moral e exclusão de advogado.

Tem-se, ainda, o que dispõe o art. 71 do RITED/PR no sentido de que das decisões terminativas dos órgãos do Tribunal de Ética e Disciplina cabe recurso ao Conselho Pleno, caso a decisão seja proferida pela Câmara Especial em matéria de exclusão ou consulta, e à Câmara de Disciplina nas demais matérias e em face de decisão das Turmas de Julgamento.

2.2.5 Rio Grande do Sul

O Conselho Seccional do Rio Grande do Sul também divide e delega a competência do Conselho Pleno a Câmaras de Julgamento e ao Órgão Especial. O art. 27 do RIOAB/RS define, entre outras, a competência de seu Conselho ao julgamento de processos disciplinares que impliquem na aplicação da pena de exclusão, o julgamento de pedidos de reabilitação da pena de exclusão ou de processos que fundamentaram a exclusão e a decisão sobre a suscitação de inidoneidade moral para fins de inscrição.

Mais adiante, no art. 28 do RIOAB/RS, há indicação dos órgãos que compõem o Conselho Seccional, dentre eles o Conselho Pleno, o Órgão Especial e as Primeira, Segunda e Terceira Câmaras Julgadoras. Compete, todavia, à Segunda Câmara o julgamento de recursos sobre ética e deveres do advogado, infrações e sanções disciplinares de sua competência[18], sendo dividias em 3 (três) Turmas, na forma do art. 62-A do RIOAB/RS.

Entretanto, tal qual ocorre em algumas Seccionais com o Tribunal Pleno do TED, as decisões não unânimes das Câmaras, ou as unânimes que tenham por fundamento, contrariedade à Constituição, ao Estatuto,

---

18 Art. 62, I do RIOAB/RS.

às decisões do Conselho Federal, ao Regulamento Geral, ao Código de Ética e Disciplina, aos Provimentos do Conselho Federal, ao Regimento Interno do Conselho Seccional, às decisões do Conselho Pleno e do Órgão Especial, ou das Resoluções do Conselho Seccional são passíveis de recurso ao Órgão Especial[19].

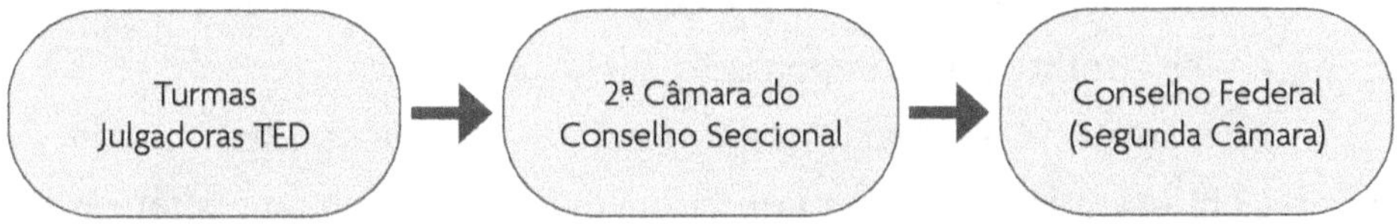

Caso a decisão da 2ª Câmara do Conselho Seccional não seja unânime, ou se amolde ao disposto no art. 59, I, II e III do RIOAB/RS, inclui-se uma nova instância recursal, antes do Conselho Federal, qual seja o Órgão Especial, que na forma do art. 59, *caput* do RIOAB/RS encerra a competência Seccional:

2.2.6 São Paulo

O art. 25 do Regimento Interno do Conselho Seccional de São Paulo determina a divisão do Conselho Seccional em 10 (dez) Câmaras, denominadas de Primeira a Décima Câmara, cada uma delas com competência diferenciada e que representam 5 (cinco) Grupos de Câmaras, cada grupo composto por 2 (duas) Câmaras.

À exceção da Primeira Câmara, cuja competência está definida no art. 26 do RIOAB/SP, as demais 9 (nove) Câmaras detêm, entre outras, a

19 Art. 59 do RIOAB/RS.

competência recursal para processos originários do Tribunal de Ética e Disciplina, de revisão de decisões delas emanadas.

Veja que o Conselho Seccional de São Paulo delegou a competência recursal às suas Câmaras, resguardando a este, dentre outras, a competência de julgamento de processos que impliquem a pena de exclusão, processos em desfavor de dirigentes de subseções e de conselheiros seccionais, e os conflitos de competência entre subseções.

Além disso, é possível, quando existir questão preliminar ou de mérito, em matéria que possa constituir deliberação de competência do Conselho Seccional, que por maioria dos seus membros, o Grupo de Câmaras e as Câmaras, assim como o seu presidente, provoquem o prévio exame pelo Conselho Seccional. Decerto que examinada a questão e fixado o entendimento, os autos retornarão para decisão meritória das suas respectivas Câmaras ou Grupo de Câmaras[20].

Desta forma, ao ler o esquema da estrutura recursal, deve-se substituir o Conselho Seccional pelas Câmaras do Conselho Seccional de São Paulo:

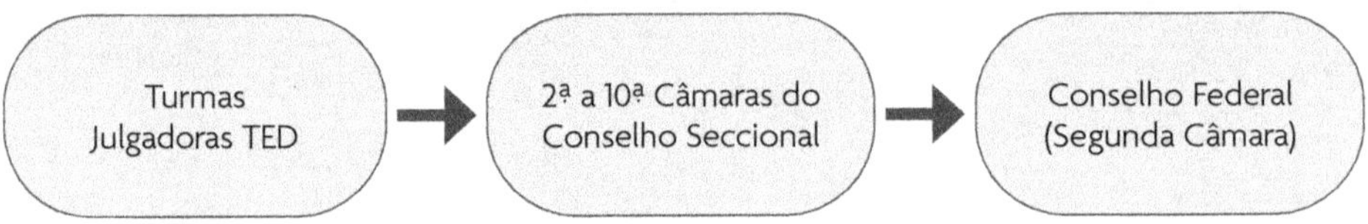

[20] Art. 28 do RIOAB/SP.

3. Recursos

Feitos os necessários esclarecimentos e demonstradas algumas diferenças existentes em cada uma das Seccionais do país, passaremos a abordar os recursos na espécie, seus efeitos nos processos ético-disciplinares, direcionamentos, requisitos e competências de julgamento, além de trazermos neste estudo uma crítica quanto a não uniformização dos procedimentos processuais a nível nacional.

Defendemos, neste aspecto, um estudo aprofundado a nível nacional, permitindo uma proposta legislativa que unifique todo o procedimento processual disciplinar, uma espécie de Código de Processo Ético-Disciplinar, garantindo-se maior segurança jurídica aos envolvidos e a condensação em um único texto legal de toda a matéria afeta aos processos disciplinares, permitindo uma atuação profissional — ou até mesmo uma defesa própria — em todo o território nacional.

Enquanto esta possibilidade não se torna uma realidade, devemos analisar cada tipo de recurso existente em cada uma das Seccionais do país, observando suas peculiaridades e regramentos, evitando, assim, eventual prejuízo à parte envolvida no processo ético-disciplinar em sua fase recursal.

3.1 Conceito

Para compreendermos cada um dos recursos em espécie, devemos compreender o conceito lato senso de recurso, aqui especificamente voltado aos processos ético-disciplinares, como sendo instrumento formal hábil a provocar o reexame de uma decisão proferida pelo

Tribunal de Ética e Disciplina na fase de conhecimento do processo disciplinar, objetivando com o reexame requerido, a possibilidade de alterar, reformar, invalidar ou, até mesmo, esclarecer, como é o caso dos Embargos de Declaração.

Rodolfo Kronemberg Hartmann, em sua obra "Curso Completo do Novo Processo Civil"[21], ao citar José Carlos Barbosa Moreira, descreve recurso como sendo "*comumente conceituado como o remédio voluntário apto a ensejar, dentro do mesmo processo, a reforma, invalidação, o esclarecimento ou a integração da decisão que se impugna*". Ou seja, é imprescindível mecanismo de controle jurisdicional.

Decerto, inúmeros juristas renomados discorrem em suas obras sobre o conceito de recurso, não tendo a presente obra a intenção de esgotar o tema, até porque já muito bem discutido por grandes nomes do direito. O que se pretende é trazer um pouco de clareza ao confuso processo disciplinar no sistema OAB.

Todavia, para que possamos compreender cada um dos recursos cabíveis no âmbito dos processos disciplinares, precisamos entender quais os seus efeitos e consequências, de forma a permitir uma atuação mais cirúrgica.

3.2 Dos Efeitos Suspensivo e Devolutivo

Antes de iniciar a abordagem do tema, importante que se diferencie os possíveis efeitos de recebimento dos recursos no sistema OAB. Há de se distinguir entre os recursos interpostos em sede de processo disciplinar e aqueles interpostos nos demais processos administrativos na OAB.

Isto porque, segundo inteligência do art. 68 do EAOAB, aos processos disciplinares são aplicáveis subsidiariamente os regramentos do Código de Processo Penal Comum, e aos demais processos as regras ge-

[21] HARTMANN, Rodolfo Kronemberg. *Curso do novo processo civil*. 5. ed. Niterói. Impetus, 2019. 630 p.

rais do procedimento administrativo comum e da legislação processual civil, nessa ordem.

> *Art. 68. Salvo disposição em contrário, aplicam-se subsidiariamente ao processo disciplinar as regras da legislação processual penal comum e, aos demais processos, as regras gerais do procedimento administrativo comum e da legislação processual civil, nessa ordem.*

O tema foi abordado no Livro I – Fase de Conhecimento[22], onde se demonstrou a intenção do legislador em diferenciar os processos disciplinares dos demais processos no âmbito do sistema OAB no que tange a aplicabilidade subsidiária de regramentos processuais.

Desta forma, iniciando pelos processos disciplinares, o processo penal comum traz 4 (quatro) efeitos recursais, assim nomeados pelo doutrinador Levy Emanuel Magno[23]: Devolutivo, Suspensivo, Regressivo e Extensivo.

O efeito devolutivo é aquele que permite ao Órgão Julgador da OAB reexaminar questão já decidida pelos órgãos *a quo*, refletindo a decorrência natural da garantia do duplo grau de jurisdição. Destaque-se que no âmbito da OAB, todos os recursos possuem efeito devolutivo, que decorre do próprio direito recursal.

O efeito suspensivo, por sua vez, tem o condão de obstar a eficácia de decisão recorrida, impedindo que a decisão produza efeitos enquanto o recurso não restar definitivamente julgado. O efeito suspensivo é regra no sistema OAB, possuindo algumas exceções que serão a seguir demonstradas.

---

22 PINHEIRO, Marcelo Rabelo. CAMPOS, Thiago Camel de. *Processo Ético-Disciplinar na OAB: Teoria e Prática – Livro I – Fase de Conhecimento*. 2. ed. Editora Autografia, 2022.

23 MAGNO. Levy Emanuel. *Curso de Processo Penal Didático*. São Paulo: Editora Atlas. 816-20 p.

O efeito regressivo, diferido ou iterativo trata-se de efeito autorizador ao órgão prolator da decisão de se retratar, podendo a autoridade exercer o denominado juízo de retratação. No sistema OAB poucos recursos possuem tal efeito singular, podendo ser visualizado nos Embargos de Declaração e no Agravo[24]. A maioria dos recursos não possui tal efeito.

Por fim, o art. 580 do CPP apresenta outro efeito, o extensivo. Ocorre quando a decisão proferida em determinado recurso de um corrrepresentado beneficia aos demais que não recorreram. É relevante destacar que se excepciona tal efeito quando fundado em motivos de ordem exclusivamente pessoal.

> *Art. 580. No caso de concurso de agentes (Código Penal, art. 25), a decisão do recurso interposto por um dos réus, se fundado em motivos que não sejam de caráter exclusivamente pessoal, aproveitará aos outros.*

Embora regra no processo penal, em que todos os recursos são dotados de efeito extensivo, inclusive em ações de impugnação, *habeas corpus*, mandado de segurança e revisão criminal, em nosso entendimento poucas são as possibilidades no âmbito dos processos disciplinares no sistema OAB de aplicabilidade deste efeito, considerando o caráter personalíssimo das infrações disciplinares que não admitem condenações solidárias.

Já o processo civil, aplicável subsidiariamente aos demais processos na OAB, excetuando-se os disciplinares, traz 5 (cinco) efeitos aos recursos. Devolutivo, suspensivo, substitutivo, expansivo e translativo. Os efeitos devolutivo e suspensivo não trazem diferenças em seus conceitos, quando comparados aos já descritos anteriormente.

---

[24] O Recurso de Agravo está previsto apenas na proposta de alteração do Regimento Interno da OAB/RJ.

Quanto ao efeito substitutivo, trazido pelo art. 1.008 do CPC, tal é atribuído aos recursos em geral e consiste na força do julgamento recursal em substituir, para todos os efeitos, a decisão recorrida nos limites da impugnação.

> *Art. 1.008. O julgamento proferido pelo tribunal substituirá a decisão impugnada no que tiver sido objeto de recurso.*

O efeito expansivo, segundo a Escola Brasileira de Direito[25], se trata de uma variação do efeito devolutivo, delimita a área de cognição e decisão dos Órgãos Superiores — aqui entendidos como o Conselho Federal — no reconhecimento de que a devolução operada pelo recurso não restringe às questões resolvidas na decisão combatida, compreendendo também aquelas que poderiam ter sido decididas, seja porque suscitadas pelas partes, seja porque conhecíveis de ofício.

Por fim, no mesmo estudo, a Escola Brasileira de Direito conceitua o efeito translativo como aquele que "*diz respeito à limitação de cognição do tribunal, salvo se tratar de matéria de ordem pública. Insta observar que as questões de ordem pública podem ser conhecidas pelo Tribunal, ainda que não tenham sido reconhecidas objeto de recurso*".

Feitos os necessários esclarecimentos, passemos à análise da regra geral de aplicabilidade do efeito suspensivo no âmbito dos processos disciplinares no sistema OAB, ou seja, a decisão combatida não produzirá seus efeitos até o seu trânsito em julgado, podendo ser revista pelas instâncias recursais.

Todavia, o art. 77, *caput* do EAOAB apresenta 3 (três) exceções à regra, quando a matéria versar sobre eleições, suspensão preventiva decidida pelo TED e cancelamento de inscrição obtida com falsa prova.

---

25 Escola Brasileira de Direito – Jusbrasil. Link: https://www.jusbrasil.com.br/artigos/conheca-os-5-efeitos-dos-recursos-no-processo-civil/484988606.

> *"Art. 77. Todos os recursos têm efeito suspensivo, exceto quando tratarem de eleições (art. 63 e seguintes), de suspensão preventiva decidida pelo Tribunal de Ética e Disciplina, e de cancelamento da inscrição obtida com falsa prova."*

A primeira exceção estatutária à regra de recebimento dos recursos, no efeito suspensivo, versa sobre processo administrativo na OAB em matéria eleitoral, na forma do art. 63 e seguintes do EAOAB. Tratando-se de eleição de membros de qualquer dos órgãos da OAB, eventual recurso interposto contra decisão da Comissão Eleitoral — em caso de impugnações de chapas, de candidatos, entre outros — o recurso será recebido apenas no efeito devolutivo.

A segunda exceção, e que se relaciona diretamente a processo disciplinar, diz respeito ao recurso interposto contra suspensão preventiva decidida pelo Tribunal de Ética e Disciplina, na forma do art. 70, §3º do EAOAB. Neste caso, tendo o TED decidido pela suspensão preventiva de um de seus inscritos, eventual recurso interposto não obstará a execução da suspensão pelo prazo definido na decisão.

A terceira e última exceção se refere ao cancelamento de inscrição obtida com falsa prova, seja na forma do art. 34, XXVI c/c art. 38, II do EAOAB em processo disciplinar ou por exercício do princípio da autotutela administrativa, sendo o advogado excluído no primeiro caso, com consequente cancelamento ou diretamente cancelada a inscrição no segundo exemplo.

Em ambos os casos, o recurso manejado não obstará o cancelamento da inscrição do advogado que a obteve mediante falsa prova, por expressa previsão no art. 77 do EAOAB.

3.2.1 Regulamentação em cada seccional

Além dos supracitados dispositivos legais, alguns Regimentos Internos das Seccionais também dispõem sobre o efeito suspensivo no âmbito de seus órgãos julgadores, como por exemplo[26]:

SECCIONAL	RIOAB	RITED
Acre	art. 237, art. 250 e art. 276	art. 61
Alagoas	art. 68, *caput*	art. 32 e art. 73, §3°
Amazonas	art. 162	
Bahia	art. 23, art. 65, XXIII e art. 228	art. 95 e art. 110, §2°
Ceará	art. 150, art. 164 e art. 183	art. 71, §1°
Espírito Santo	art. 221	art. 113, §3°
Goiás	art. 7°, *caput*, art. 14, §4° e art. 195	art. 56, par. único
Maranhão		art. 63, par. único
Mato Grosso	art. 32, VI, art. 47, §2°, art. 48, art. 181, §1°, art. 184, art. 205, art. 242 e art. 244	art. 77, §1°
Mato Grosso do Sul	art. 24, art. 79, XXII, art. 103, art. 255 e art. 278	
Minas Gerais	art. 194, §1°	art. 68, §2°
Pará	art. 28 e art. 189	art.20, §3°, "a" e art. 85, §1°
Paraíba	art. 33, par. único, art. 136 e art. 138, §2°	art. 47, §1°
Paraná	art. 145	art. 32, par. único
Pernambuco	art. 194, §1°	art. 140, 194, §1°
Piauí	art. 143, §2°	art. 84, par. único
Rio de Janeiro	art. 164, art. 194 e art. 201, §1°	art. 52, §2°

[26] Alguns dispositivos legais que se referem ao efeito suspensivo dos recursos, sem pretensão de esgotar todas as menções.

Rio Grande do Norte	art. 24, VII, art. 38, XXXVI, art. 135, §1° e art. 164, §2°	
Rio Grande do Sul		
Rondônia	art. 36, §1° e art. 74, §4°	
Roraima	art. 143, par. único e art. 148	art. 43
Santa Catarina	art. 238	art. 83
São Paulo	art. 238	art. 39
Sergipe	art. 60, XXVII, art. 207 e art. 230	
Tocantins	art. 151, §3° e art. 179	

3.3 Recursos em Espécie

Agora que compreendemos os efeitos possíveis dos recursos no âmbito dos processos disciplinares no sistema OAB, especificamente o devolutivo e o suspensivo, passamos à análise dos recursos em espécie, apresentando-os um a um, com sua conceituação, cabimento, requisitos, prazos, entre outros.

Há de se destacar que nem todos os recursos indicados adiante são cabíveis em todas as Seccionais do país, como já abordado anteriormente, sendo necessária a análise prévia de cada Regimento Interno quando do momento processual, de forma a observar o cabimento e os requisitos de cada um deles.

Destacamos que trataremos do Recurso Interno nesta obra como outras possibilidades, visto que se encontra previsto apenas na proposta de alteração do RIOAB/RJ que, como já narrado, até a data da entrega desta obra não havia sido apreciado pelo Conselho Pleno.

Embora seja uma importante alteração, é certo que existe a possibilidade de que não seja aprovado pelo colegiado daquele Conselho

Seccional, razão pela qual não se encontra vigente até que venha a ser objeto de análise.

Passemos, então, à análise de cada um dos recursos na espécie.

3.3.1 Embargos de Declaração

Embargos de Declaração é recurso cabível para sanar omissão, obscuridade, contradição ou suprir erro material das decisões proferidas no âmbito processual[27], devendo ser interposto no prazo de 15 dias, computados somente os dias úteis e contados do primeiro dia útil seguinte, seja da publicação da decisão no Diário Eletrônico da OAB, seja da data do recebimento da notificação, anotada pela Secretaria do órgão da OAB ou pelo agente dos Correios[28].

Entrementes, embora o vazio legislativo quanto a possibilidade de atribuição de efeitos infringentes aos Embargos de Declaração, a jurisprudência do Conselho Federal da OAB tem admitido a possibilidade de efeitos modificativos ao julgado, hipótese em que a parte contrária deverá ser previamente ouvida acerca do pedido, sendo obrigatória a notificação desta para apresentar suas contrarrazões. Vejamos o entendimento:

> "Recurso nº 16.0000.2021.000053-0/SCA-TTU-Embargos de Declaração. Embargante: M.B. (Advogado: Ferdinand Georges de Borba D'Orleans e D'Alençon OAB/RS 100.800). Embargado: Espólio de A.P.B. Representante legal: S.S.B.C. (Advogado: Álvaro Luis Pedroso Marques de Oliveira OAB/MT 7.666/O). Recorrente: M.B. (Advogado: Ferdinand Georges de Borba D'Orleans e D'Alençon OAB/RS 100.800). Recorrido: Espólio de A.P.B. Representante legal: S.S.B.C. (Advogado: Álvaro Luis Pe-

---

27 Art. 138 RGEAOAB.

28 Art. 139 RGEAOAB.

droso Marques de Oliveira OAB/MT 7.666/O). Interessado: Conselho Seccional da OAB/Paraná. Relatora: Conselheira Federal Adriana Caribé Bezerra Cavalcanti (PE). EMENTA Nº 012/2023/SCA-TTU. **Embargos de declaração. Artigo 138 do Regulamento Geral c/c artigos 619 e 620 do Código de Processo Penal c/c artigo 68 do Estatuto da Advocacia e da OAB. Efeitos infringentes. Possibilidade. Notificação da parte contrária para apresentar contrarrazões observada.** Afastamento da prorrogação da suspensão do exercício profissional. Pendência de demandas judiciais entre as partes. Entendimento pacífico deste Conselho Federal da OAB no sentido de afastar a prorrogação da suspensão (art. 37, § 2º, EAOAB) quando houver a pendência de demanda judicial envolvendo as partes, porquanto, nesse caso, caberá ao Poder Judiciário decidir, de forma definitiva, quanto ao cumprimento da obrigação ou quanto à relação de crédito/débito travada entre as partes, não podendo se admitir o processo disciplinar como forma coercitiva para a solução de controvérsia de natureza cível instaurada entre as partes perante o Poder Judiciário, em sub-rogação à atividade jurisdicional. Embargos de declaração acolhidos, com efeitos infringentes, para fins de afastamento da prorrogação da suspensão. E, por não se tratar de circunstância de natureza pessoal, deve também ser estendida ao outro advogado representado, embora não tenha recorrido. Acórdão: Vistos, relatados e discutidos os autos do processo em referência, acordam os membros da Terceira Turma, da Segunda Câmara do Conselho Federal da Ordem dos Advogados do Brasil, observado o *quorum* exigido no art. 92 do Regulamento Geral, por unanimidade, em acolher os Embargos

> de Declaração, nos termos do voto da Relatora. Impedido de votar o Representante da OAB/Paraná. Brasília, 17 de março de 2023. Milena da Gama Fernandes Canto, Presidente. Adriana Caribé Bezerra Cavalcanti, Relatora. (DEOAB, a. 5, nº 1072, 27.03.2023, p. 1)."

Merece destaque, ainda, que em se tratando de Embargos de Declaração dotados de efeitos infringentes será possível a realização de sustentação oral, observando-se, contudo, o limite máximo de 5 (cinco) minutos[29]. Veja o entendimento do Conselho Federal neste sentido:

> "RECURSO Nº 49.0000.2017.007723-2/OEP. Recorrente: G.P.M. (Adv: Giovani Pires de Macedo OAB/PR 22675, Dely Dias das Neves OAB/PR 14778 e Gustavo Tuller Oliveira Freitas OAB/PR 54411). Recorrido: Éder Carlos Inácio da Silva. Interessado: Conselho Seccional da OAB/Paraná. Relator: Conselheiro Federal Daniel Blume Pereira de Almeida (MA). Ementa n. 045/2021/OEP. Recurso voluntário. Artigo 140, parágrafo único, do Regulamento Geral do Estatuto da Advocacia e da OAB. Decisão monocrática de indeferimento liminar de recurso ao Órgão Especial do Conselho Pleno do Conselho Federal da OAB. Ausência de impugnação dos fundamentos da decisão recorrida. Nulidade algibeira. Alegação de nulidade somente perante este Órgão Especial. Inovação de tese na última instância recursal da OAB. Violação ao devido processo legal. Ausência de intimação para julgamento de embargos de declaração. Ausência de nulidade. Inteligência do art. 138, § 4º, do Regulamento Geral do EAOAB. Recurso não provido. 1) A jurisprudência deste Conselho Federal tem evoluído no sentido de não admitir às partes a utilização

29 Art. 94, II RGEAOAB.

dos meios processuais como instrumentos difusores de estratégias, de chicanas processuais. A parte tem o ônus de arguir a nulidade processual na primeira oportunidade em que lhe tocar falar nos autos, não se admitindo que o faça no momento em que lhe for mais oportuno, haja vista que a famigerada nulidade de algibeira, ou de bolso, não encontra amparo em nosso ordenamento jurídico. No caso dos autos, as nulidades que o advogado alega teriam todas ocorrido, ainda, na fase inicial do processo, sendo que, em nenhuma de suas manifestações anteriores, insurgiu-se contra o procedimento. Somente depois que suas teses não foram acolhidas, optou por inovar, a este Órgão Especial, trazendo temas que não foram submetidos à análise das instâncias anteriores, em nítida violação ao princípio da dialeticidade. 2) **De qualquer sorte, cumpre anotar que, nos termos do art. 138, § 4º, do Regulamento Geral do EAOAB, ao admitir os embargos de declaração, o relator os colocará em mesa para julgamento, independentemente de inclusão em pauta ou publicação, na primeira sessão seguinte, salvo justificado impedimento. E ainda, que a sustentação oral em embargos de declaração vem sendo cada vez mais restringida, dada à desvirtuação que se faz ao presente recurso de natureza integrativa, tanto que neste Conselho Federal da OAB o art. 94, II, do Regulamento Geral veda a sustentação oral embargos de declaração, ressalvada a hipótese de virem a ser atribuídos efeitos infringentes, o que não foi a hipótese, tanto que os embargos de declaração foram rejeitados sob o fundamento de se tratarem de mera repetição dos argumentos já aduzidos pelo advogado no recurso interposto ao Conselho Seccional, o que menos ainda justificaria a sustentação oral.** 3) Recurso

> voluntário conhecido, mas improvido. Decisão monocrática mantida, por seus próprios e jurídicos fundamentos. Acórdão: Vistos, relatados e discutidos os autos do processo em referência, acordam os membros do Órgão Especial do Conselho Pleno do Conselho Federal da Ordem dos Advogados do Brasil, observado o quorum exigido no art. 92 do Regulamento Geral, em negar provimento ao recurso, nos termos do voto do Relator. Impedido de votar o Representante da OAB/Paraná. Brasília, 26 de julho de 2021. Afeife Mohamad Hajj, Presidente em exercício. Daniel Blume Pereira de Almeida, Relator. (DEOAB, a. 3, nº 664, 13.08.2021, p. 4)"

Outro ponto a ser observado são os eventuais reflexos do julgamento dos Embargos de Declaração no que se refere a recursos anteriormente interpostos pela parte contrária. Caso tenha ocorrido modificação do julgado por ocasião da interposição dos aclaratórios, deverá ser garantido à parte contrária o direito de realizar acréscimo ou alteração nas razões do recurso, desde que anteriormente interposto.

Por outro lado, não ocorrendo alteração do julgado, eventual recurso apresentado pela parte contrária deverá ser admitido, desde que, evidentemente, preenchidos seus requisitos legais, independente de ratificação.

Noutro giro, diferentemente do que ocorre com os demais recursos no sistema OAB, os Embargos de Declaração são direcionados ao relator da decisão recorrida[30], e não ao órgão julgador superior, sendo o juízo de admissibilidade exercido pelo próprio relator da decisão. E neste juízo de admissibilidade, o relator tem duas possibilidades: negar seguimento ao recurso[31] ou admiti-lo[32].

---

30 Art. 138, §3º do RGEAOAB.

31 Art. 138, §3º do RGEAOAB.

32 Art. 138, §4º do RGEAOAB.

O Regulamento Geral dispõe que o relator poderá negar seguimento aos Embargos de Declaração, desde que fundamentadamente, caso os tenha por manifestamente protelatórios, intempestivos ou carentes dos pressupostos legais para interposição.

Quanto aos pressupostos legais para sua interposição, estes não se confundem com o mérito dos aclaratórios, que seria a existência, ou não, de omissão, contradição ou obscuridade no julgado, mas sim a existência de previsão legal do recurso, sua adequação, tempestividade e legitimidade da parte recorrente. E nesta toada, não sendo os Embargos de Declaração admitidos, será a parte notificada da decisão para que exerça seu direito a outro recurso cabível, considerando expressa vedação de recurso em face da decisão de admissibilidade dos Embargos.

Faz-se necessário pontuar um relevante esclarecimento. Diferentemente dos demais recursos, que são dirigidos ao órgão *ad quem*, cujo relator daquele órgão exercerá o juízo de admissibilidade e, se constatada intempestividade ou ausência de pressuposto legal para sua interposição deverá proferir despacho ao Presidente do Órgão Julgador indicando o indeferimento liminar[33], não há tal previsão no que se refere aos Embargos de Declaração.

Observe-se que o *caput* do art. 140 do RGEAOAB dispõe que o Presidente do Órgão Julgador após decisão acerca do indeferimento liminar, devolverá os autos ao órgão recorrido para executar a decisão. Veja, no caso dos Embargos de Declaração o recurso é resolvido pelo próprio órgão que exarou a decisão recorrida, e não pelo órgão *ad quem*, razão pela qual a decisão pela admissão ou inadmissão dos Embargos é exclusiva do Relator que proferiu a decisão combatida.

Assim, tanto o *caput* do art. 140 quanto seu parágrafo único são inaplicáveis nos casos de Embargos de Declaração.

De outra sorte, em sendo admitidos os Embargos de Declaração, estes serão postos em mesa para julgamento, independente de inclusão

[33] Art. 140, *caput* do RGEAOAB.

em pauta ou publicação, na primeira sessão seguinte, salvo justificado impedimento de assim se proceder[34].

Aqui, importante que se façam algumas ressalvas diante de cada Seccional. O Regulamento Geral é omisso quanto à determinação de manifestação da parte embargada, o que deve levar o advogado a observar o que dispõe do Regimento Interno do Conselho Seccional ou do Tribunal de Ética e Disciplina em que o processo tramita.

O art. 119, *caput* do RITED/ES traz a obrigatoriedade de colher a manifestação da parte contrária quando os Embargos de Declaração possuírem pretensos efeitos infringentes, ocasião em que será incluído na primeira sessão de julgamento seguinte à apresentação das contrarrazões ou do decurso do seu prazo.

Na mesma toada, o art. 57, §3° do RITED/GO dispõe que caso o acolhimento dos Embargos de Declaração possa implicar em efeitos modificativos e não apenas correção de erro material, deverá ser concedida vista prévia a outra parte.

Por sua vez, o art. 187, V do RIOAB/RS dispõe que quando os Embargos de Declaração puderem ensejar efeitos modificativos, deverá o Relator facultar a manifestação da parte adversa, incluindo o processo na pauta da sessão seguinte.

Por fim, destaque-se que a interposição de Embargos de Declaração interrompe a eficácia da decisão combatida, bem como o prazo para interposição de outros recursos cabíveis, salvo naquelas hipóteses expressamente previstas no Estatuto, no Regulamento Geral ou nos Regimentos Internos (Conselhos e Tribunais de Ética), quais sejam: (i) matéria eleitoral; (ii) suspensão preventiva e intervenção; (iii) cancelamento de inscrição obtida com falsa prova e (iv) exceções.

Não há que se falar em perda do prazo de eventual recurso cabível diverso dos Embargos de Declaração, mesmo que este reste inadmitido, salvo se constatada a intempestividade, uma vez que todos os prazos no

---

34 Art. 138, §4º do RGEAOAB.

sistema OAB são de 15 dias e, uma vez intempestivo os Embargos de Declaração, decerto a decisão restou transitada em julgado.

3.3.2 Embargos Infringentes

Embargos Infringentes é o recurso cabível contra aquelas decisões majoritárias proferidas pelas Turmas do Tribunal de Ética e Disciplina, Conselhos Seccionais[35] ou ainda pelas Turmas que compõe a Segunda Câmara do Conselho Federal, por sua vez, devendo ser endereçado para o Órgão imediatamente superior quando a decisão não for unânime[36].

Em se tratando de decisões não unânimes advindas de uma das Turmas do Tribunal de Ética e Disciplina da Seccional do Rio de Janeiro, por exemplo, o recurso deverá ser direcionado para o Tribunal Pleno do TED[37]. Como já discorremos anteriormente sobre o tema, observe-se que, a bem da verdade, o julgamento será realizado por uma "instância intermediária" que antecede à "segunda instância" que, no caso, seria o Conselho Pleno Seccional.

Isto porque, como já explicado nos tópicos anteriores, o Tribunal Pleno não é uma instância superior às Turmas Julgadoras, mas sim um órgão fracionário do Tribunal de Ética, tendo como composição a integralidade dos membros do TED, encontrando-se ambos em igualdade hierárquica processual.

Destaque-se, ainda, que algumas Seccionais, como a do Rio de Janeiro, delegam ao Tribunal Pleno do Tribunal de Ética e Disciplina o julgamento dos Embargos Infringentes, a saber:

---

[35] Art. 202, §1° do RIOAB/RJ.

[36] Art. 201, IV c/c 209 do RGEAOAB.

[37] Art. 12, VII, 'c', do RITED/RJ.

SECCIONAL	RIOAB (Cabimento)	RITED (competência do Tribunal Pleno do TED)
Alagoas	art. 59, *caput*	Art. 11, III
Ceará	art. 162	art. 71, §1°
Mato Grosso do Sul		Art. 9°. IV, b
Pará	art. 187, I	art.14, IV
Rio de Janeiro	art. 201, IV c/c 209	Art. 12, VII, c
São Paulo	art. 42 c/c 158 (competência do Grupo de Câmaras)	

Merece destacar que, no Mato Grosso do Sul, a previsão dos Embargos Infringentes e do Agravo Regimental restaram vetados pelo Conselho Federal nos autos do processo 49.0000.2017.006382-6/SCA.

Por sua vez, em se tratando de decisões não unânimes proferidas pelos Conselhos Seccionais, os recursos deverão ser direcionados para uma das Turmas da Segunda Câmara do Conselho Federal[38]. De igual modo, em se tratando de decisões não unânimes provenientes destas Turmas, deverá o recurso ser direcionado para o Pleno da Segunda Câmara do Conselho Federal[39].

Entrementes, no âmbito do Conselho Federal há, também, a possibilidade de o recurso ser direcionado para o Órgão Especial do Conselho Pleno quando se tratar de pedido de revisão[40]. Assim, observe-se a necessidade de extrema atenção na delimitação da matéria em discussão e seu direcionamento, pois eventual incorreção poderá ensejar a inadmissibilidade do recurso.

[38] Art. 89, I, do RGEAOAB.

[39] Art. 89-A, §3º RGEAOAB.

[40] Art. 85, II, RGEAOAB.

É necessário para o cabimento dos embargos infringentes que estejam presentes os pressupostos de admissibilidade recursal devendo, portanto, o pleito ser tempestivamente apresentado no prazo de 15(quinze) dias úteis[41], sendo legitimamente interposto por aquele que figure no processo como parte ou interessado, ou ainda pelo Presidente do Conselho Seccional[42], bem como será o recurso recebido com efeito suspensivo.

O cabimento do recurso, além dos pressupostos acima mencionados, é condicionado a uma decisão não unânime desfavorável ao Recorrente. E aqui reside uma das problemáticas deste Recurso específico, que se traduz no entendimento de que o conhecimento do recurso se limita ao objeto da divergência, o que significa dizer que deverá ser apreciado apenas a prevalência da decisão vencedora ou vencida.

Quanto a esta questão, quando mencionamos que todos os recursos no âmbito do sistema OAB possuem efeitos devolutivos, apresentamos duras críticas a este posicionamento limitador quando diante do Embargos Infringentes. Ora, se todo o recurso tem efeito devolutivo, significa dizer que o mérito, em sua integralidade, poderá ser revisto de acordo com o entendimento do relator ou do colegiado, o que afasta a tese restritiva de prevalência do voto vencedor ou vencido.

E neste giro, por amor ao debate, em que pese as jurisprudências sobre tema se encontrarem desatualizadas no âmbito do Conselho Federal, vale colacionar o julgado adiante que, embora contrário ao nosso entendimento, merece ser conhecido a título elucidativo:

> RECURSO N° 49.0000.2017.002349-5/SCA. Recte: E.K.C. (Adv: Rafael Fausel OAB/SC 20384). Recda: Jane Pereira. Interessado: Conselho Seccional da OAB/Santa Catarina. Relator: Conselheiro Federal Nelson Ribeiro de Magalhães e Souza (PA). EMENTA N. 025/2018/

41 Art. 139, do RGEAOAB.

42 Art. 207, do RIOAB/RJ.

SCA. Recurso. Art. 89-A, § 3º, do Regulamento Geral do EAOAB. Cabimento de recurso ao Pleno da Segunda Câmara do CFOAB, em face de acórdãos não unânimes proferidos por suas Turmas. Pressupostos de admissibilidade. Analogia ao recurso de embargos infringentes e de nulidade do processo penal. Precedente do Pleno desta Câmara (Recurso nº 49.0000.2016.005131-9/SCA). Recurso não conhecido. 1) O art. 89-A, § 3º, do RG/EAOAB, prevê o cabimento de recurso ao Pleno da Segunda Câmara deste Conselho Federal da OAB, quando tiver por objeto acórdão não unânime proferido por uma das Turmas que a integram. 2) Dada a sua natureza jurídica de embargos infringentes, deve ser analisado em simetria ao artigo 609, parágrafo único, do Código de Processo Penal, de modo que sua admissibilidade está condicionada, além dos demais pressupostos admissibilidade, às seguintes condições: a) ausência de unanimidade da decisão recorrida, b) matéria objeto da divergência seja desfavorável ao representado, e c) limitação das teses recursais ao objeto da divergência. 3) Assim, em se verificando que a divergência é de natureza processual, limitando-se ao conhecimento/não conhecimento do recurso voluntário (art. 140, parágrafo único, do RG/EAOAB), sem qualquer divergência quanto aos fundamentos adotados para manter a decisão monocrática de indeferimento liminar do recurso a este CFOAB, por ausência de seus pressupostos (art. 75 EAOAB), não deve ser conhecido. 4) Recurso não conhecido. Acórdão: Vistos, relatados e discutidos os autos do processo em referência, acordam os membros da Segunda Câmara do Conselho Federal da Ordem dos Advogados do Brasil,

> observado o *quorum* exigido no art. 92 do Regulamento Geral, por unanimidade, em não conhecer do recurso, nos termos do voto do Relator. Brasília, 1° de outubro de 2018. Marcelo Lavocat Galvão, Presidente em exercício. Nelson Ribeiro de Magalhães e Souza, Relator. (DOU, S. 1, 10.10.2018, p. 94).

É necessário registrar que o entendimento acima esposado representa, ainda, posição defendida por uma corrente jurisprudencial a nível de Seccionais, entendendo que a análise do recurso deveria ficar adstrita apenas a "escolha" da decisão vencida ou manutenção da decisão vencedora. Entretanto, na prática, o alcance dos Embargos Infringentes é maior do que propriamente a essência do recurso, resultando em uma preponderância quanto ao entendimento da corrente que defende a possibilidade de alargamento do alcance deste recurso.

De acordo com esta última corrente, é possível ao colegiado decidir além dos limites da decisão vencida ou vencedora, desde que em benefício da parte representada, o que significa dizer, exemplificativamente, que eventual recorrente que tenha uma decisão não unânime vencedora pela imposição da sanção de suspensão e uma decisão vencida pela imposição da pena de censura, poderá buscar a improcedência da representação utilizando-se dos Embargos Infringentes. É o efetivo cumprimento do efeito devolutivo, em sua essência.

Verifica-se, portanto, a possibilidade/obrigatoriedade de interposição de Embargos Infringentes sempre que estivermos diante de uma decisão majoritária, cujo recurso será objeto de análise pelo Órgão imediatamente superior ao prolator da decisão, com as ressalvas àqueles casos de análise pelo Tribunal Pleno do Tribunal de Ética e Disciplina, conforme já citado anteriormente.

3.3.3 Recurso Ordinário

O Recurso Ordinário é aquele destinado a combater decisões terminativas unânimes proferidas pelas Turmas do Tribunal de Ética e Disciplina e pelos Conselhos Seccionais, devendo ser endereçado para o Órgão imediatamente superior competente, embora interposto perante a autoridade ou órgão que proferiu a decisão recorrida[43].

No âmbito das Turmas do Tribunal de Ética e Disciplina cuja "instância superior" é o Conselho Seccional[44], o Recurso Ordinário é responsável por permitir o pleno exercício do "duplo grau de jurisdição" garantindo-se, com amplitude, o reexame da causa pelo órgão superior. Aqui, um parêntese importante, não há qualquer discussão jurisprudencial quanto ao recebimento do Recurso Ordinário com efeitos devolutivos, como ocorre com os Embargos Infringentes.

Por sua vez, em se tratando de Recurso Ordinário a ser dirigido ao Conselho Federal[45], o objeto da discussão fica adstrito às questões que contrariem a Lei, decisão do Conselho Federal ou de outro Conselho Seccional e, ainda, o Regulamento Geral, o Código de Ética e Disciplina e os Provimentos, devendo o recorrente demonstrar nas razões recursais, de maneira clara, a contrariedade aos referidos dispositivos, ou ainda a divergência jurisprudencial, sob pena de inadmissibilidade.

Nesse particular, vale uma crítica, pois em uma leitura restritiva do art. 75 do EAOAB nos parece que, na hipótese do recurso ter por objeto o combate a uma decisão não unânime, será cabível o Recurso Ordinário independente dos requisitos impostos pelo referido artigo, os quais, em tese, somente seriam cabíveis quando se tratasse de decisão unânime.

---

43 Art. 138 do RGEAOAB.

44 Art. 76 do EAOAB.

45 Art. 75 do EAOAB.

No entanto, na prática diária, verificamos que se consolidou o entendimento jurisprudencial de que a condição de admissibilidade se aplica em ambos os casos, ou seja, decisões unânimes e não plurânimes.

Vejamos algumas decisões do Conselho Federal, no que concerne ao seu cabimento:

> *Recurso nº 49.0000.2019.000677-9/SCA-STU. Recorrente: C.H.R. (Advogados: Carlos Henrique Rocha OAB/PR 31.208 e Caroline Barbosa Pereira OAB/PR 58.753). Recorridos: Despacho do Presidente da Segunda Turma da Segunda Câmara e A.M.A.F. (Advogada: Angela Pereira Dalbosco OAB/PR 57.213). Interessado: Conselho Seccional da OAB/Paraná. Relatora: Conselheira Federal Adélia Moreira Pessoa (SE). EMENTA N. 158/2019/SCA-STU. Recurso. Art. 140, parágrafo único, do Regulamento Geral contra decisão monocrática de indeferimento liminar de recurso. Ausência dos pressupostos de admissibilidade recursal. Art. 75 da Lei nº 8.906/94. Mera pretensão ao reexame de provas. Circunstância que não se admite pela via recursal extraordinária. Recurso não conhecido. 1) O art. 75 do EAOAB, ao dispor sobre o cabimento de recurso a este Conselho Federal, dispõe que será admitido em face de todas as decisões definitivas proferidas pelo Conselho Seccional que não sejam unânimes, e, em relação às decisões unânimes, quando reste demonstrada contrariedade à Lei n. 8.906/94, a decisões deste Conselho Federal ou de Conselho Seccional ou, ainda, ao Regulamento Geral, ao Código de Ética e Disciplina ou aos Provimentos. 2) Não se trata de mais uma oportunidade para a parte buscar nova análise daquilo que já foi decidido anteriormente, mas sim de uma via recursal de estrita admissibilidade. 3) Nestas circunstân-*

cias, a ausência de contrariedade do acórdão recorrido à Lei nº 8.906/94, ao Regulamento Geral, ao Código de Ética e Disciplina e aos Provimentos, assim como a ausência de demonstração de divergência jurisprudencial entre a decisão recorrida e precedente de órgão julgador do Conselho Federal ou de Conselho Seccional, faz com que o recurso esbarre nos óbices de admissibilidade do artigo 75 do EAOAB. 4) Recurso não conhecido. Acórdão: Vistos, relatados e discutidos os autos do processo em referência, acordam os membros da Segunda Turma da Segunda Câmara do Conselho Federal da Ordem dos Advogados do Brasil, observado o quorum exigido no art. 92 do Regulamento Geral, por unanimidade, em não conhecer do recurso, nos termos do voto da Relatora. Brasília, 10 de dezembro de 2019. Adélia Moreira Pessoa, Presidente em exercício e Relatora. (DEOAB, a. 1, nº 244, 13.12.2019, p. 12)

Recurso Nº 49.0000.2017.000564-2/SCA-TTU. Recte: S.F.C.D. (Adv: Sebastião Fernando Cabral D"Almada OAB/RJ 87535). Recda: Elisabeth Simão da Silva. Interessado: Conselho Seccional da OAB/Rio de Janeiro. Relator: Conselheiro Federal Guilherme Octávio Batochio (SP). Relator para o acórdão: Conselheiro Federal Renato da Costa Figueira (RS). EMENTA Nº 176/2017/SCATTU. Recurso ao Conselho Federal. Ausência dos pressupostos de admissibilidade recursal. Art. 75 da Lei nº 8.906/94. Mera pretensão ao reexame de provas. Circunstância que não se admite pela via recursal extraordinária. Recurso não conhecido. 1) O art. 75 do EAOAB, ao dispor sobre o cabimento de recurso a este Conselho Federal, dispõe que será admitido em face de todas as decisões definitivas proferidas pelo Conselho Seccional que não sejam unânimes, e, em relação às decisões unânimes, quando reste demonstrada contrariedade à Lei nº 8.906/94, a decisão deste Conselho Federal ou de outro Conselho Seccional ou, ainda, ao Regulamento Geral, ao Código de Ética e Disciplina ou aos Provimentos. 2) Pelo teor da norma processual específica, pois, não se trata de apenas mais uma via recursal destinada ao reexame de questões fáticas e probatórias já analisadas pelas demais instâncias da OAB. Não se trata de mais uma oportunidade para a parte buscar nova análise daquilo que já foi decidido anteriormente, mas sim de uma via recursal de estrita admissibilidade. 3) Nestas circunstâncias, a ausência de contrariedade do acórdão recorrido à Lei nº 8.906/94, ao Regulamento Geral, ao Código de Ética e Disciplina e aos Provimentos, assim como a ausência de demonstração de divergência jurisprudencial entre a decisão recorrida e precedente de órgão julgador do Conselho Federal ou de outro Conselho Seccional, faz com que o recurso esbarre nos óbices de admissibilidade do artigo 75 do EAOAB. 4) Recurso não conhecido. Acórdão: Vistos, relatados e discutidos os autos do processo em referência, acordam os membros da Terceira Turma da Segunda Câmara do Conselho Federal da Ordem dos Advogados do Brasil, observado o quorum exigido no art. 92 do Regulamento Geral, por maioria, em não conhecer do recurso interposto, nos termos do voto divergente do Conselheiro Federal Renato da Costa Figueira (RS). Brasília, 23 de outubro de 2017. Renato da Costa Figueira, Presidente em exercício e Relator para o acórdão. (DOU, S.1, 26.10.2017, p.184)

Portanto, tal menção é de extrema importância, pois sendo o Conselho Federal uma instância extraordinária, o Recurso Ordinário que lhe for endereçado, embora ostente o nome de 'recurso ordinário' não terá como objeto a discussão de fato, mas sim o seu objeto ficará adstrito às questões de direito que se encontram especificamente previstas no artigo 75 do EAOAB.

Por sua vez, excepcionalmente, nos processos *ex officio* visando a exclusão de advogados(as), anteriores à Súmula nº 08/2019/COP, em que a competência originária para instruir e julgar era do Conselho Seccional, ou seja, era instruído e julgado em única instância pela Seccional, em respeito ao "duplo grau de jurisdição", o Conselho Federal deverá apreciar o recurso com efeitos ordinários, apreciando toda a matéria fática que lhe for submetida, portanto, não estando sujeito ao pressuposto de admissibilidade previsto no artigo 75 do EAOAB.

Importante relembrar que com a edição da Súmula 08/2019/COP, embora não se tenha alterado a competência dos Conselhos Seccionais para o julgamento dos processos envolvendo exclusão de inscritos, há de se destacar que os processos passaram a ser instruídos e julgados nos Tribunais de Ética e Disciplina, sendo necessária a remessa ao Conselho Seccional para fins de reexame.

Algumas Seccionais acabam por chamar, equivocadamente, esta remessa para reexame necessário de recurso, ordinário ou embargos infringentes — a depender do resultado do julgamento —, quando não se trata de recurso em sua essência, certo de que o primeiro recurso será contra a decisão do Pleno do Conselho Seccional.

Na mesma toada, por total desconhecimento das tramitações processuais no sistema OAB, muitas vezes as partes envolvidas em processos que culminem na aplicação da pena de exclusão, acabam interpondo recurso da decisão proferida pelas Turmas do Tribunal de Ética e Disciplina, sem saber que a remessa ao Conselho Seccional é obrigatória quando o julgamento pelo TED for pela aplicação da pena.

Voltando para a interposição do Recurso Ordinário, em qualquer das hipóteses o prazo para interposição é de quinze dias úteis, contado do primeiro dia útil seguinte, seja da publicação da decisão no Diário Eletrônico da OAB, seja da data juntada aos autos do respectivo aviso de recebimento, anotada pela secretaria do órgão da OAB[46]. Igualmente, a parte contrária deverá ser notificada para apresentar suas contrarrazões em igual prazo.

O recurso terá os efeitos devolutivo e suspensivo, portanto, a decisão recorrida não produzirá efeitos imediatos até o seu trânsito em julgado, exceto nas hipóteses em que a matéria recorrida se tratar de eleições, suspensão preventiva decidida pelo Tribunal de Ética e Disciplina ou cancelamento de inscrição obtida com falsa prova, quando será recebida apenas no efeito devolutivo, produzindo a decisão combatida imediatos efeitos.

Por sua relevância, importante destacar a recente alteração do RGEAOAB, introduzida pela Resolução nº 001/2022, que incluiu o art. 144-C com a seguinte redação: "*Fundamentado em razões de segurança jurídica ou de excepcional interesse social da OAB, poderá o órgão julgador recursal competente, por maioria de seus membros, restringir os efeitos da decisão ou decidir que esta só tenha eficácia a partir de seu trânsito em julgado ou de outro momento que venha a ser fixado*".

Significa dizer que, excepcionalmente, ainda que a regra defina que os recursos no âmbito do sistema OAB sejam dotados de efeito suspensivo — ou quando afirma que não os possui — há a possibilidade de determinada decisão surtir efeitos imediatos ou não, de modo parcial ou total, a depender da maioria dos membros do Órgão recursal, tratando-se de mais uma exceção à regra contida no art. 77 do EAOAB.

Uma vez apresentado o recurso, não poderá a autoridade ou órgão recorrido rejeitar o seu encaminhamento, devendo o novo relator da instância superior verificar os pressupostos de admissibilidade. Decerto que

46 Art. 139 do RGEOAB.

se constatada a intempestividade ou ausência dos pressupostos legais para interposição do recurso, deverá o relator proferir despacho indicando ao Presidente do Órgão julgador o indeferimento liminar. Contra esta decisão caberá Recurso Voluntário ao Órgão julgador.

A experiência nos mostra alguns "descuidos" de ordem prática por parte daqueles que se veem incluídos em processos disciplinares. O mais comum dentre estes descuidos é a inobservância da obrigatoriedade da juntada de cópia integral dos autos da representação disciplinar na petição do recurso, quando se tratar de recurso interposto, exclusivamente, contra decisão de suspensão preventiva.

Como explicado no Livro I – Fase de Conhecimento, o recurso manejado contra decisão de suspensão preventiva não é dotado de efeito suspensivo, bem como a tramitação final do processo ético-disciplinar deve se dar nos termos do art. 70, §3º do EAOAB, devendo os autos do processo cautelar permanecer na origem para o imediato cumprimento da penalidade imposta. E por esta razão surge a necessidade — e obrigatoriedade — de formação de instrumento[47].

Vale lembrar que muitas Seccionais, ao tratarem em seus regimentos dos recursos de um modo geral, apenas se limitam a reportarem-se àqueles recursos previstos no Estatuto e no Regulamento Geral, sem, contudo, tratar especificamente sobre o tema, bem como existem outras Seccionais que, embora tratem do tema, não indicam uma nomenclatura específica para cada recurso, limitando-se a chamá-los de "recurso", como é o caso, por exemplo, da Seccional de Alagoas[48].

Novo parêntese se faz necessário neste momento. Como já dito no início desta Obra, essa "colcha de retalhos" que existe em nosso ordenamento disciplinar, diferente em cada estado da federação, aliado à dificuldade de atualização dos regimentos internos para acompanhamento das alterações das normas legais, dificulta sobremaneira o

---

47 Art. 144-A do RGEOAB.

48 Art. 73, II e III, do RITED/AL.

manuseio dos mecanismos processuais pelos operadores do Direito no âmbito do sistema OAB.

Desta forma, de maneira a facilitar a compreensão e auxiliar na formação dos recursos, faz-se necessário colacionar adiante aquelas Seccionais que tratam, especificamente, do Recurso Ordinário em seus regimentos ou no de seus Tribunais de Ética, a saber:

SECCIONAL	RIOAB	RITED
Acre		art. 62
Ceará		art. 73, I
Espírito Santo		art. 114, I
Goiás		art. 56, I
Maranhão		art. 63, par. único
Mato Grosso do Sul		art. 36, IV
Minas Gerais	art. 194, I	
Pernambuco		art. 194, I
Rio de Janeiro	art. 201, I	art. 52, I
Rio Grande do Norte	art. 138	

3.3.4 Recurso Voluntário ou Inominado

O Recurso Voluntário encontra previsão no art. 140, par. único do RGEAOAB, tendo por finalidade atacar decisão do Presidente que indefira liminarmente o prosseguimento de outro recurso por não preenchimento de seus pressupostos de admissibilidade.

Neste caso, ao constatar a intempestividade ou ausência dos pressupostos de legais para interposição do recurso, o relator profere despacho sugerindo ao Presidente do Órgão julgador o indeferimento liminar que, se ratificado, poderá ensejar a propositura de recurso voluntário.

De acordo com a Súmula nº. 10/2018/OEP, a competência para relatar o recurso previsto no parágrafo único do art. 140 do RGEAOAB será fixada por prevenção ao relator que proferiu o despacho indicando ao Presidente do órgão o indeferimento liminar, devendo a fundamentação de o recurso restar limitada à impugnação dos fundamentos adotados pela decisão monocrática de indeferimento liminar, não se admitindo inovação de tese recursal.

> ***Súmula nº 10/2018/OEP***
> *(DEOAB, 31/12/2018, p.6.)*
> *O Órgão Especial do Conselho Pleno do Conselho Federal da Ordem dos Advogados do Brasil, no uso das suas atribuições conferidas no art. 86 do Regulamento Geral da Lei nº 8.906/94, considerando o julgamento da Proposição nº 49.0000.2018.005273-9/OEP decidiu, na Sessão Ordinária realizada no dia 06 de agosto de 2018, editar a Súmula nº 10/2018/OEP, com o seguinte enunciado: RECURSO. ART. 140, PARÁGRAFO ÚNICO, DO REGULAMENTO GERAL. COMPETÊNCIA DO RELATOR QUE PROFERIU O DESPACHO INDICANDO AO PRESIDENTE DO ÓRGÃO JULGADOR O INDEFERIMENTO LIMINAR DO RECURSO. A competência para relatar o recurso previsto no art. 140, parágrafo único, do Regulamento Geral, será fixada por prevenção ao Relator que proferiu o despacho indicando ao presidente do órgão julgador o indeferimento liminar do recurso.*

Além desta hipótese, é cabível a interposição de recurso voluntário quando se prestar a atacar decisão acerca dos conflitos de competência entre Subseções e entre estas e o Conselho Seccional, hipótese em que será objeto de apreciação pelo Conselho Federal, na forma do art. 119 do RGEAOAB.

A seu turno, como já dito exaustivamente, mas, necessariamente, a falta de uniformização a nível nacional dos procedimentos a serem adotados no sistema OAB, especialmente na fase recursal, na maioria das vezes faz com que a parte recorrente seja induzida na interposição de recurso com uma nomenclatura equivocada. O principal exemplo é justamente o Recurso Voluntário ou Inominado.

Perceba que o RGEAOAB utiliza a nomenclatura de "Recurso Voluntário" para tratar de temas específicos, exclusivamente, previstos nos arts. 119 e 140, no entanto, apenas a título exemplificativo, o Conselho Seccional de São Paulo adota a nomenclatura de recurso voluntário para todas as hipóteses previstas no artigo 75 do EAOAB, quando se tratar de recurso a ser dirigido ao Conselho Federal, conforme se observa no art. 162 do RIOAB/SP.

Por sua vez, outras Seccionais, como Alagoas por exemplo, se limitam a ter nomenclatura própria apenas para os recursos Embargos de Declaração e Embargos Infringentes, utilizando-se a expressão "recurso", puramente, para qualquer outro manejo recursal[49].

Outro exemplo de utilização do recurso voluntário e recurso inominado diverso do especificado nos arts. 119 e 140 do RGEAOAB, encontra-se na Seccional do Rio de Janeiro, onde o art. 201, VI do RIOAB/RJ utiliza a expressão "recurso inominado ou voluntário" para aqueles recursos orais formulados por Conselheiro em face de decisão da mesa dos Órgãos deliberativos de que participem, bem como para a decisão presidencial que decida pelo arquivamento[50].

Como já afirmado anteriormente, a Seccional do Rio de Janeiro encontra-se em fase de mudanças em seu regimento interno, ocasião em que a proposta de alteração tratou de sugerir pequena correção neste aspecto, re-

---

49 Art. 73 do RITED/AL e arts. 58 e 59 do RIOAB/AL.

50 Art. 208, §2º do RIOAB/RJ.

tirando a expressão "recurso voluntário ou inominado" para adotar apenas a nomenclatura de recurso voluntário, que será exercitado nos demais casos previstos em lei, naquele regimento interno e outros atos normativos.[51]

Diante desse cenário lato e incerto, com uma ritualística própria para cada Seccional do país, é necessário que a parte recorrente, ao escolher a nomenclatura de seu recurso, se mantenha atenta aos pressupostos gerais de admissibilidade, devendo-se atentar, em especial, quando se tratar de recurso a ser dirigido ao Conselho Federal, que possui como condição de admissibilidade os requisitos do art. 75 do EAOAB, como já explicado.

Em linhas gerais, o recurso voluntário ou inominado deverá ser apresentado no prazo de quinze dias, computados somente os dias úteis e contados do primeiro dia útil seguinte, seja da publicação da decisão no Diário Eletrônico da OAB, seja da data da juntada aos autos do respectivo aviso de recebimento, anotada pela secretaria do órgão da OAB, tal qual toda e qualquer manifestação no âmbito do sistema OAB.

O recurso possui os efeitos devolutivo e suspensivo, salvo se versar sobre matéria eleitoral, suspensão preventiva, intervenção e cancelamento de inscrição obtida com falsa prova, quando terá apenas o efeito devolutivo, sendo legitimados a recorrer todos aqueles que figurem como parte ou interessados no processo e o Presidente do Conselho Seccional. Igualmente, uma vez apresentado o recurso, deverá a parte contrária ser notificada para apresentar suas contrarrazões.

3.3.5 Embargos de Divergência

Talvez um dos recursos menos conhecidos e manejados no sistema OAB, presentes na maioria dos Regimentos Internos dos Conselhos Seccionais do país, que visa a análise por órgão imediatamente superior àquele que proferiu determinada decisão, quando esta conflitar com outras proferidas por qualquer dos órgãos julgadores da OAB, desde que não tenham sido objeto de procedimento de uniformização de jurisprudência.

[51] Art. 205, VI c/c art. 213 da proposta de alteração do RIOAB/RJ.

Observe que o "Embargos de Divergência" possui elementos objetivos que precisam se fazer presentes para que sejam conhecidos: (i) a decisão combatida precisa conflitar com outra decisão de órgão julgador da OAB; (ii) a matéria combatida não pode ter sido objeto de procedimento de uniformização de jurisprudência.

De tão desconhecido e pouco utilizado, o site do Conselho Federal em seu ementário traz jurisprudência neste sentido, sendo a mais atual proferida no ano de 2015, e que aqui apresentamos a título de conhecimento:

> *RECURSO Nº 49.0000.2013.002022-4/OEP. Recte: E.R.M. (Advs: Gustavo Martin Teixeira Pinto OAB/SP 206949 e Caio Augusto Silva dos Santos OAB/SP 147103). Interessado: Conselho Seccional da OAB/São Paulo. Relator: Conselheiro Federal Edilson Oliveira e Silva (PA). EMENTA Nº 174/2015/OEP. Recurso ao Órgão Especial. Recurso ao Conselho Federal interposto tempestivamente.* **Oposição de embargos de divergência por outro representado**. *Recurso previsto somente no Regimento Interno do Conselho Seccional. Desnecessidade de ratificação das razões recursais, após o julgamento dos embargos, por ausência de previsão legal. Indeferimento de pedido de vista formulado em sede de embargos de declaração, por conselheiro que não participou do julgamento de mérito. Possibilidade. Ausência de nulidade processual. Alteração da tipificação da conduta do advogado, que se defendeu oportunamente das imputações que lhe foram feitas. Inexistência de cerceamento de defesa. O representado se defende dos fatos e não da capitulação inicial que é dada a sua conduta, de modo que é possível, durante a instrução processual, ou até mesmo na fase recursal, ocorrer novo enquadramento jurídico da conduta infracional, desde que os fatos se-*

> *jam os mesmos e seja oportunizado ao advogado exercer o contraditório e a ampla defesa. Conversão da sanção disciplinar de censura em advertência. Direito subjetivo do advogado representado. Recurso conhecido e parcialmente provido, para converter a censura em advertência, em ofício reservado, sem registro nos assentamentos do advogado recorrente. Acórdão: Vistos, relatados e discutidos os autos do processo em referência, acordam os membros do Órgão Especial do Conselho Pleno do Conselho Federal da Ordem dos Advogados do Brasil, observado o quorum exigido no art. 92 do Regulamento Geral, por unanimidade, em acolher o voto do relator, parte integrante deste, conhecendo e dando parcial provimento ao recurso. Brasília, 30 de novembro de 2015. Claudio Pacheco Prates Lamachia, Presidente. Edilson Oliveira e Silva, Relator. (DOU, S.1, 11.12.2015, p. 201)*

Assim, da leitura do supracitado julgado, podemos destacar que a previsão dos Embargos de Divergência se limita aos Regimentos Internos dos Conselhos Seccionais e, portanto, apenas cabíveis naquelas Seccionais que preveem sua possibilidade. A seguir, demonstramos quadro indicativo das Secciona s que admitem a oposição dos Embargos de Divergência:

SECCIONAL	RIOAB	RITED
Ceará		Art. 73, §2°
Mato Grosso do Sul	Art. 253, III	Art. 38
Rio de Janeiro	Art. 201, V c/c art. 210	
Rio Grande do Norte	Art. 143	
São Paulo	Art. 42 c/c art. 159	
Sergipe		Art. 45
Tocantins	Art. 149	

O RITED/SE em seu art. 45 e seguintes, apresenta recurso denominado Embargos Regimentares que, em sua essência é exatamente o Embargos de Divergência aqui estudado, trazendo, ainda, requisitos objetivos para sua admissibilidade.

Diferente de outros regimentos internos, que simplesmente indicam a existência dos Embargos de Divergência sem trazer maiores esclarecimentos, seja quanto ao seu cabimento ou o procedimento a ser adotado, o TED de Sergipe trouxe requisitos que podem ser observados em todos os demais Conselhos que admitirem a oposição de Embargos de Divergência, como a obrigatoriedade de demonstração da divergência jurisprudencial através da demonstração do cotejo analítico com o precedente paradigma[52].

Por sua vez, o art. 45, §2º do RITED/SE determina como opção ao recorrente a escolha entre a oposição de Embargos Regimentares ou a interposição de Recurso diretamente ao seu Conselho Seccional, não sendo os regimentares requisitos de admissibilidade do recurso ao Conselho.

Desta forma, pode-se afirmar que o recurso Embargos de Divergência — ou no caso de Sergipe, Embargos Regimentares — são cabíveis apenas nas Seccionais do Ceará, Mato Grosso do Sul, Rio de Janeiro, Rio Grande do Norte, São Paulo, Sergipe e Tocantins.

Arriscamo-nos, ainda, a definir como requisitos para sua oposição, em todas as Seccionais suso indicadas:

a) Existência de conflito entre a decisão combatida com outra decisão de órgão julgador da OAB;
b) Demonstração, através da decisão paradigma, do conflito existente;
c) Inexistência de procedimento de uniformização de jurisprudência relativo à matéria debatida na decisão recorrida.

52 Art. 45, §1º RITED/SE.

Em todos os demais aspectos, o "Embargos de Divergência" possui os mesmos procedimentos de outros recursos, como prazo de 15 (quinze) dias, necessidade de manifestação da parte contrária, em caso de possibilidade de efeitos infringentes, julgamento com possibilidade de sustentação oral e recorribilidade de sua decisão.

3.4 Outros Recursos e Possibilidades

Em algumas Seccionais existem outras possibilidades, recursais ou não, já em vigência, bem como algumas propostas de alteração de regimentos internos que preveem nova nomenclatura e procedimentos para recursos já existentes ou, ainda, criando novos recursos na espécie.

O Agravo, por exemplo, já possui previsão legal no vigente Regimento Interno da OAB/RJ[53], embora não tenha procedimento definido. A ausência procedimental está sendo suprida na proposta de alteração do RIOAB/RJ, que manteve a previsão legal do agravo no âmbito daquele Conselho Seccional, encontrando-se em vias de análise pelo Pleno do Conselho.

Ainda quanto ao Rio de Janeiro, a proposta de alteração do Regimento Interno traz, também, a sugestão de alteração da nomenclatura dos Embargos Infringentes para que passe a se chamar Recurso Interno, afastando-se, assim, naquele Conselho, a controvérsia sobre a necessidade, ou não, de limitar-se aos votos vencedores e vencido.

Noutro giro, na Seccional do Rio Grande do Norte, há expressa previsão quanto à possibilidade de celebração de Acordo de Não Persecução Disciplinar (ANPD) que, embora não se trate de um recurso propriamente dito, não pode passar despercebido por esta obra.

Assim, passaremos adiante à análise de cada um destes recursos e possibilidades.

---

53 Art. 201, II do RIOAB/RJ.

3.4.1 Agravo

Inicialmente, importante destacar que a legislação processual disciplinar no sistema OAB não menciona, em nenhum de seus dispositivos, a possibilidade de recurso contra decisão interlocutória proferida pelos relatores dos processos disciplinares, embora existam evidentes controvérsias na jurisprudência do Conselho Federal.

Nesta toada, no âmbito das Seccionais do país — à exceção da Seccional do Rio de Janeiro — não existe a figura expressa do Agravo, por ausência de previsão, devendo a parte apresentar toda a matéria recursal, inclusive aquelas que seriam passíveis de agravo, no recurso cabível, inexistindo preclusão de insurgência contra os atos processuais ocorridos na instrução.

Há, todavia, corrente que defende a necessidade de insurgência no momento imediatamente subsequente ao ato que se pretende discutir, sob pena de preclusão. Na esteira desta corrente, havendo insurgência no momento seguinte ao ato discutido, poderá a parte reiterar o pedido em sede recursal quando da interposição de recurso contra a decisão terminativa.[54]

Ultrapassa a questão, falemos acerca do Agravo sob o prisma da proposta de alteração do Regimento Interno do Conselho Seccional da OAB/RJ (RIOAB/RJ), visto que o RI vigente já prevê sua admissibilidade para atacar decisões interlocutórias, silente, apenas, quanto ao procedimento a ser adotado.

Primeiro há de se diferenciar a figura da decisão interlocutória da figura de despachos ou ato de mero impulso oficial. No curso de um processo disciplinar no âmbito do sistema OAB, especialmente durante a fase de instrução processual, o relator pode realizar despachos ou de-

---

[54] PRADO, João Carlos Navarro de Almeida. *Recursos no processo ético-disciplinar da OAB*. Jusbrasil, 2020. Disponível em https://www.jusbrasil.com.br/artigos/recursos-no-processo-etico-disciplinar-da-oab/833613245. Acesso em 21/08/2023.

cisões interlocutórias, encerrando sua jurisdição com a apresentação do Parecer Preliminar.

O site do CNJ traz interessante distinção entre despacho e decisão. Tem-se como despachos os pronunciamentos do relator praticados no processo disciplinar, de ofício ou a requerimento das partes, que não tenha como objetivo solucionar o processo, mas tão somente determinar a realização de medidas necessárias ao julgamento do processo disciplinar em curso, tratando-se de meras movimentações administrativas e, portanto, não passíveis de agravo, como por exemplo a determinação de apresentação de defesa prévia ou de nomeação de instrutor para presidir audiência para oitiva das partes.

Já as decisões interlocutórias são decisões em que o relator resolve questões que surjam durante o processo, mas não são o julgamento deste, por meio de voto. Tais questões precisam ser decididas no curso da instrução processual e que encerrarão a questão naquele momento como, por exemplo, o deferimento ou indeferimento de realização de prova. As decisões interlocutórias, portanto, na forma do art. 201, II do RIOAB/RJ[55], são passíveis de recurso de Agravo.

Antes de ingressar no procedimento do recurso de Agravo, aqui apresentado como sugestão, considerando a não vigência do novo RIOAB/RJ, importante trazer à luz questão relevante que, a nosso sentir, surge por equivocada interpretação textual da Súmula 04/2013 do Órgão Especial do Conselho Federal.

> *SÚMULA 04/2013/OEP*
> *"AGRAVO. FALTA DE PREVISÃO LEGAL. NÃO CABIMENTO NO ÂMBITO DOS PROCESSOS ADMINISTRATIVOS DA ORDEM DOS ADVOGADOS DO BRASIL. OS RECURSOS SÃO APENAS OS PREVISTOS NO ART. 75 DO ESTATUTO E NO ART. 85 DO REGULAMENTO GERAL."*

---

55 Alterado na proposta de alteração do RIOAB/RJ para art. 205, III c/c art. 208.

Analisemos a ementa acima descrita, para melhor compreensão da questão. Alguns pontos merecem especial atenção. (i) "*não cabimento no âmbito dos processos administrativos da Ordem dos Advogados do Brasil*"; (ii) "*os recursos são apenas os previstos no art. 75 do Estatuto e no art. 85 do Regulamento Geral*".

Observe-se que o Estatuto da Advocacia e da Ordem dos Advogados do Brasil faz evidente diferenciação entre processo administrativo e processo disciplinar. Vejamos o que dispõe o já citado art. 68 do EAOAB:

> *Art. 68. Salvo disposição em contrário, aplicam-se subsidiariamente ao* ***processo disciplinar*** *as regras da legislação processual penal comum e, aos* ***demais processos****, as regras gerais do procedimento administrativo comum e da legislação processual civil, nessa ordem.* (grifos nossos)

Da leitura do supracitado dispositivo legal, podemos concluir que no sistema OAB conseguimos distinguir entre processo disciplinar e processo administrativo. Desta forma, tem-se que a Súmula 04/2013/OEP dispõe acerca do descabimento do Agravo nos processos administrativos e não nos processos disciplinares.

Todavia, não é apenas esta tese que embasa nosso entendimento de inaplicabilidade da Súmula 04/2013/OEP aos processos disciplinares no âmbito dos Conselhos Seccionais. Outro aspecto importante da leitura da ementa da Súmula, diz respeito à expressa manifestação de cabimento, apenas, dos recursos do art. 75 do EAOAB e art. 85 do RGEAOAB. Vejamos o que cada um dos dispositivos legais dispõe:

> *Art. 75. Cabe recurso ao Conselho Federal de todas as decisões definitivas proferidas pelo Conselho Seccional, quando não tenham sido unânimes ou, sendo unânimes, contrariem esta lei, decisão do Conselho Federal ou de outro Conselho Seccional e, ainda, o regulamento geral, o Código de Ética e Disciplina e os Provimentos.*

Demonstra-se que o art. 75 do EAOAB se refere aos recursos cabíveis ao Conselho Federal, aqueles mencionados anteriormente em tópico próprio, os quais dependem de decisão do Conselho Seccional. Nada fala acerca de recurso ao Conselho Seccional decorrente de decisão ocorrida no Tribunal de Ética e Disciplina.

> *Art. 85. Compete ao Órgão Especial deliberar, privativamente e em caráter irrecorrível, sobre:*
> *I – recurso contra decisões da Primeira e Terceira Câmaras, quando não tenham sido unânimes ou, sendo unânimes, contrariem a Constituição, as leis, o Estatuto, decisões do Conselho Federal, este Regulamento Geral, o Código de Ética e Disciplina ou os Provimentos;*
> *II – recurso contra decisão da Segunda Câmara, nos casos de pedido de revisão e dos incisos III e IV, do art. 89, deste Regulamento Geral, quando não tenham sido unânimes ou, sendo unânimes, contrariem a Constituição, as leis, o Estatuto, decisões do Conselho Federal, este Regulamento Geral, o Código de Ética e Disciplina ou os Provimentos;*
> *III – recurso contra decisões do Presidente ou da Diretoria do Conselho Federal e do Presidente do Órgão Especial;*
> *IV – consultas escritas, formuladas em tese, relativas às matérias de competência das Câmaras especializadas ou à interpretação do Estatuto, deste Regulamento Geral, do Código de Ética e Disciplina e dos Provimentos, devendo todos os Conselhos Seccionais ser cientificados do conteúdo das respostas;*
> *V – conflitos ou divergências entre órgãos da OAB;*
> *VI – determinação ao Conselho Seccional competente para instaurar processo, quando, em autos ou peças sub-*

> *metidos ao conhecimento do Conselho Federal, encontrar fato que constitua infração disciplinar.*
>
> *§ 1º Os recursos ao Órgão Especial podem ser manifestados pelo Presidente do Conselho Federal, pelas partes ou pelos recorrentes originários.*
>
> *§ 2º O relator pode propor ao Presidente do Órgão Especial o arquivamento da consulta, quando não se revestir de caráter geral ou não tiver pertinência com as finalidades da OAB, ou o seu encaminhamento ao Conselho Seccional, quando a matéria for de interesse local.*

Veja, mais uma vez, o citado dispositivo legal dá conta de recursos interpostos perante o Conselho Federal, aqui representado pelo seu Órgão Especial, também silenciando acerca de qualquer recurso no âmbito dos Conselhos Seccionais ou Tribunais de Ética e Disciplina.

Conclui-se, portanto, que o teor da Súmula 04/2013/OEP é expresso ao afirmar que não cabe agravo para o Conselho Federal ou seu Órgão Especial, mas tão somente aqueles dispostos nos art. 75 do EAOAB e art. 85 do RGEAOAB, o que não se confunde com o cabimento de Agravo no âmbito dos órgãos julgadores dos Conselhos Seccionais.

Isto porque, ante a inteligência do art. 144, parágrafo único do RGEAOAB, será o Regimento Interno de cada Conselho Seccional quem disciplinará o cabimento dos recursos no âmbito de cada órgão julgador.

Assim, após a necessária compreensão acerca do cabimento do Agravo, necessário destacar, mais uma vez, que inexiste em vigência qualquer indicação procedimental para o citado recurso, certo de que a proposta de alteração do RIOAB/RJ, ainda pendente de análise pelo Conselho Pleno do Rio de Janeiro, tratou de detalhar o rito de forma diferenciada dos demais recursos no âmbito do sistema OAB, conforme se observa no art. 208 da proposta de alteração do RIOAB/RJ:

Art. 208 – Os Agravos, na forma do art. 205, III, deste Regimento, serão formados por petição contendo, no mínimo, o nome das partes, a exposição do fato e do direito e as razões do pedido de reforma, devendo ser instruída com cópia da peça que inaugurou a representação e da defesa prévia, da procuração outorgada pelas partes, se houver, da petição que ensejou a decisão agravada e da própria decisão agravada, da certidão da respectiva notificação ou outro documento oficial que comprove a tempestividade e, facultativamente, com outras peças que o agravante reputar úteis, devendo ser direcionados:
I – Ao Presidente do Tribunal de Ética e Disciplina, se a decisão agravada tiver sido proferida por relator de uma das Turmas do TED ou das Comissões de Ética e Disciplina das Subseções;
II – Ao Presidente do Conselho Seccional, se a decisão agravada tiver sido proferida em processo de competência originária do Conselho.
§ 1°. Recebido o Agravo, será o mesmo autuado em apartado e remetido ao Presidente do TED ou do Conselho, na forma dos incisos I e II deste artigo, que poderá:
a) Inadmitir o agravo nas hipóteses de se mostrar manifestamente protelatórios ou se ausentes os pressupostos de admissibilidade;
b) Admitir o agravo, nomeando desde logo Relator, bem como determinar a notificação da parte agravada para, querendo, apresentar contrarrazões, facultando-lhe juntar a documentação que entender necessária ao julgamento do recurso.

§ 2º. Recebidos os autos pelo relator, este poderá:

a) Negar provimento, monocraticamente, caso o recurso seja contrário ao Estatuto, ao Regulamento Geral, ao Código de Ética e Disciplina, às decisões predominantes do Conselho Federal ou do Conselho Seccional, bem como às Súmulas, Enunciados e Provimentos do Conselho Federal, Seccional e do Tribunal de Ética e Disciplina;

b) Dar provimento ao recurso, monocraticamente, caso a decisão agravada seja contrária ao Estatuto, ao Regulamento Geral, ao Código de Ética e Disciplina, às decisões predominantes do Conselho Federal ou do Conselho Seccional, bem como às Súmulas, Enunciados e Provimentos do Conselho Federal, Seccional e do Tribunal de Ética e Disciplina;

c) Apresentar relatório e voto a ser submetido à Julgamento pelo Órgão Colegiado competente;

§ 3º. O Agravante deverá, no prazo de 5 (cinco) dias úteis, requerer a juntada aos autos do processo originário de cópia da petição do Agravo, do comprovante de sua interposição e da relação dos documentos que instruíram o recurso.

§ 4º. O descumprimento da exigência de que trata o § 3º, desde que arguido e provado pelo Agravado, importa na inadmissibilidade do recurso.

§ 5º. O Agravo tramita de forma prioritária no âmbito do órgão competente, devendo ser, preferencialmente, incluído em pauta de julgamento no prazo não superior a 45 (trinta) dias, a contar do recebimento dos autos pelo Relator na forma do § 2º, sendo as partes ser notificadas para comparecimento à sessão de julgamento, garantindo-lhes o direito à sustentação oral.

> *§ 6º. Da decisão que julgar o agravo não cabe recurso;*
> *§ 7º. O órgão competente que julgar o Agravo encaminhará cópia do inteiro teor dos votos apresentados no recurso e do Acórdão, a serem juntados ao processo originário para cumprimento da decisão.*
> *§ 8º. Será considerado prejudicado o agravo caso o relator que proferiu a decisão agravada exerça juízo de retratação, ocasião em que deverá comunicar ao relator do recurso.*

Assim, seguindo a proposta apresentada, para a formação do Recurso de Agravo, compete ao agravante interpor através de petição contendo, no mínimo, o nome das partes, a exposição dos fatos e do direito e as razões do pedido de reforma da decisão combatida.

Ademais, deverá a petição de Agravo ser instruída com cópia do libelo acusatório (peça que inaugurou a representação), da defesa prévia, da procuração outorgada pelas partes (se houver), da petição que ensejou a decisão agravada e a própria decisão agravada. Deverá, ainda, instruir a peça com certidão ou outro documento oficial que comprove a tempestividade do agravo, podendo fazer juntas outras peças que julgar pertinente.

Considerando que o Agravo, embora deva ser autuado sistemicamente em apartado, deverá receber numeração nova, gerando um caderno processual autônomo, que será remetido ao Presidente do TED ou do Conselho Seccional, dependendo da origem da decisão agravada.

Acaso tenha sido a decisão agravada proferida por relator de uma das Turmas do TED ou relator das Comissões de Ética e Disciplina das Subseções, os autos do Agravo serão remetidos ao Presidente do Tribunal de Ética e Disciplina. Caso tenha sido a decisão agravada proferida em processo de competência originária do Conselho, os autos do Agravo serão remetidos ao Presidente do Conselho Seccional.

Desta forma, caberá ao agravante direcionar seu agravo ao Presidente do Órgão que possuir competência para sua análise, seja do TED quando decorrente de decisão de relator de uma das Turmas do TED ou das Comissões de Ética e Disciplina das Subseções ou do Conselho Seccional quando decorrente de decisão proferida em processo de competência originária do Conselho.

Formado o Agravo, e remetido ao Presidente do Órgão competente, caberá a este a inadmissão do recurso acaso manifestamente protelatório ou se ausente os requisitos de admissibilidade, este representado pela intempestividade. Não sendo o caso de inadmissão do Agravo, o Presidente do Órgão competente designará relator, determinando no mesmo despacho a notificação do agravado para contrarrazoar o recurso, facultando-lhe juntar a documentação que entender necessária ao julgamento do Agravo.

Com a juntada das contrarrazões, ou acaso transcorrido *in albis* o prazo para sua apresentação, serão os autos remetidos ao relator nomeado, que poderá proferir 3 (três) decisões: (i) negar provimento monocraticamente; (ii) dar provimento monocraticamente; (iii) apresentar relatório e voto a ser submetido à julgamento.

O Agravo será monocraticamente desprovido quando o recurso for contrário ao Estatuto, ao Regulamento Geral, ao Código de Ética e Disciplina, às decisões predominantes do Conselho Federal ou do Conselho Seccional, bem como às Súmulas, Enunciados e Provimentos do Conselho Federal, Seccional e do Tribunal de Ética e Disciplina.

Desta forma, tem-se que acaso a decisão combatida esteja em consonância com a legislação disciplinar e precedentes do Conselho Federal, Seccional ou do TED, restará desprovido monocraticamente, podendo ser entendido como temerário ou procrastinatório, na forma do art. 66 do CED.

Noutro giro, o Agravo será monocraticamente provido, caso a decisão agravada esteja em dissonância com o que dispõe o Estatuto, o Regulamento Geral, o Código de Ética e Disciplina, as decisões predominantes do Conselho Federal ou do Conselho Seccional, bem como às

Súmulas, Enunciados e Provimentos do Conselho Federal, Seccional e do Tribunal de Ética e Disciplina.

Assim, tal qual o desprovimento monocrático quando o agravo restar manifestamente contrário aos dispositivos legais e precedentes, de igual modo serão monocraticamente providos caso da decisão agravada desrespeite os mesmos dispositivos legais e precedentes, em completa demonstração de isonomia.

Não sendo o caso de provimento ou desprovimento monocrático do Agravo, caberá ao relator proferir relatório e voto, a ser submetido ao Plenário do Tribunal de Ética e Disciplina ou ao Órgão Especial do Conselho Seccional.

Antes de adentrar ao julgamento do Agravo, tem-se que é dever do Agravante dar ciência nos autos do processo disciplinar quanto à interposição do recurso, no prazo de 5 (cinco) dias úteis, apresentando cópia da petição do Agravo, comprovante de interposição e relação dos documentos que os instruíram, de forma a permitir o exercício do juízo de retratação por parte do Relator.

Em caso de descumprimento da exigência de ciência ao relator do processo disciplinar, arguido e comprovado pela parte agravada, será o Agravo inadmitido, na forma do que dispõe do art. 208, §4º do RIOAOB/RJ. Noutro giro, caso o relator que proferiu a decisão agrava exerça juízo de retratação, ocasião em que deverá comunicar ao relator do Agravo, restará prejudicado o recurso.

Cumpridas todas as formalidades procedimentais, apresentado pelo relator do Agravo relatório e voto, tendo o Agravo tramitação prioritária, os autos deverão ser incluídos em pauta de julgamento, preferencialmente, em prazo não superior a 45 (quarenta e cinco) dias contados do recebimento dos autos pelo relator após as contrarrazões ou certificação de decurso de prazo. As partes deverão ser notificadas ao comparecimento à sessão de julgamento, sendo-lhe facultado o direito à sustentação oral no prazo regimental.

Considerando que a decisão que julgar o agravo é irrecorrível, na forma do art. 208, §6º da proposta de alteração do RIOAB/RJ, o Órgão Julgador deverá encaminhar cópia do inteiro teor dos votos apresentados no recurso e do Acórdão lavrado, que serão juntados ao processo disciplinar originário para cumprimento da decisão colegiada.

Assim, considerando que os demais regimentos internos a nível nacional silenciem quanto ao procedimento a ser adotado em caso de recurso de decisões interlocutórias, esperamos com esta obra trazer um pouco de procedimentalismo para auxiliar os julgamentos no sistema OAB.

3.4.2 Recurso Interno

Novamente, antes de iniciarmos os estudos acerca do Recurso Interno, é necessário que se esclareça que tal recurso ainda não se encontra em vigência, tendo sido suscitado na proposta de alteração do Regimento Interno da OAB/RJ, ainda pendente de análise e votação tanto pelo Conselho Seccional quanto de homologação pelo Conselho Federal, razão pela qual não há, ainda, previsibilidade de sua aplicação a caso concreto.

Dito isso, há de se observar que durante muito tempo o Conselho Seccional da OAB/RJ utilizou-se de recurso denominado Embargos Infringentes — ainda utilizado, tanto pela OAB/RJ quanto por diversas outras Seccionais — que restou definido e descrito no tópico próprio, para os processos cuja decisão combatida houvesse sido julgada por maioria, e não por unanimidade.

Tal qual narrado no tópico que descreveu os Embargos Infringentes, resta cristalino que tal nomenclatura causaria — como causou e ainda causa — interpretações diversas a depender da relatoria, especialmente dependente de sua área de atuação. Explicamos:

Tanto o Código de Processo Penal trata, quando o revogado *Codex* Processual Civil tratava, do recurso de Embargos Infringentes. No âmbito processual penal, o art. 609 do CPP dispõe sobre o cabimento de embargos infringentes ou de nulidade quando não for unânime a decisão de segunda instância, dispondo, ainda, que se o desacordo for parcial, os embargos restam restritos à matéria objeto de divergência.

Não pretendemos esgotar ou discorrer acerca do referido recurso no âmbito processual penal, sequer quanto à diferenciação de embargos infringentes e embargos de nulidade que, embora se encontrem no mesmo dispositivo legal, aplicam-se a matérias distintas, mas tão somente demonstrar a razão pela qual a proposta apresentada à Seccional do Rio de Janeiro optou pela alteração da nomenclatura do recurso no âmbito de seus órgãos julgadores.

Fechando as necessárias aspas, o revogado Código de Processo Civil trazia a figura dos embargos infringentes, atualmente substituídos pelo rito do art. 942 do CPC (Lei 13.105/2015) e que não recebeu nomenclatura própria, para provocar o órgão colegiado a proferir decisões consensuais, almejando inegável solução unânime para a questão.

Sobre este prisma, veja-se que em ambos os casos os Embargos Infringentes eram cabíveis quando a decisão de 2ª Instância restasse plurânime, o que restou absorvido pela legislação disciplinar para as decisões majoritárias das turmas julgadoras, órgãos fracionários do Tribunal de Ética que se encontram em primeiro grau de jurisdição.

E, neste sentido, resta uma crítica à utilização do referido recurso no âmbito dos processos disciplinares no sistema OAB. Isto porque, embora as Turmas Julgadoras sejam órgãos colegiados, não se incluem na natureza de instância revisora, mas sim se equiparam, grosso modo, à decisão de primeiro grau, sendo a primeira decisão — condenatória ou absolutória — nos processos disciplinares.

E como narrado, em caso de decisões não unanimes das Turmas Julgadoras, caberia à oposição dos Embargos Infringentes ao Plenário do Tribunal de Ética e Disciplina ou outro órgão, dependendo da estrutura do Conselho Seccional. E justamente neste momento se iniciavam as interpretações distintas do recurso.

Parte do colegiado entendia que os Embargos Infringentes se limitavam à decisão do Órgão quanto à prevalência do voto vencido ou do voto vencedor, vedada decisão diversa, ainda que favorável ao Requerido. Outra corrente entendia, com fundamento de que toda decisão no âmbito da OAB comporta recurso, a oposição dos embargos infringentes não se limitava à matéria, objeto da divergência, podendo surgir decisão diversa.

A insegurança jurídica causada pelos diferentes entendimentos levou a criação de Grupo de Estudo para alteração do Regimento Interno do Conselho Seccional do Rio de Janeiro, optando, os membros do grupo, pela alteração da nomenclatura dos Embargos Infringentes para Recurso Interno, permitindo, assim, que a instância imediata e hierarquicamente superior às Turmas Julgadoras exercesse a revisão de toda a matéria levada a conhecimento do colegiado, garantindo-se o efetivo cumprimento do efeito devolutivo.

Um dos fundamentos para o entendimento de que o agora chamado Recurso Interno poderia alterar o resultado dos votos vencido e vencedor residiu no efeito devolutivo e substitutivo de todos os recursos no âmbito do sistema OAB — como narrado no capítulo próprio — que não se amoldava aos Embargos Infringentes tomados como paradigmas pelos julgadores.

Nesta clave, a proposta de alteração do RIOAB/RJ, em seu art. 205, II, tratou de alterar a nomenclatura, passando a prever o Recurso Interno para atacar decisões terminativas majoritárias de qualquer julgador da OAB, assim dispondo:

> *Art. 205 - Os recursos são:*
>
> *[...]*
>
> *II - Internos, quando interpostos contra decisões terminativas majoritárias;*

Noutro giro, embora o Regimento Interno do Conselho Seccional do Rio de Janeiro previsse diversos recursos, não trazia em seu bojo o procedimento a ser adotado em cada um destes, o que, mais uma vez, trazia grande insegurança jurídica aos envolvidos nos processos disciplinares no sistema OAB.

Suprindo a omissão, a proposta de alteração do RIOAB/RJ tratou de regulamentar cada um dos recursos no âmbito de seus órgãos, restando, devidamente, regulamentado o tramitar processual do Recurso Interno em seu art. 207.

> *Art. 207. Das decisões terminativas não unânimes dos órgãos julgadores da OAB/RJ cabe Recurso Interno na forma do art. 205, II, deste Regimento, devendo ser direcionado:*
> *I – Ao Presidente do Tribunal de Ética e Disciplina se a decisão recorrida tiver sido proferida por relator de uma das Turmas Julgadoras, a ser submetida a julgamento pelo Plenário;*
> *II – Ao Presidente do Conselho Seccional, se a decisão recorrida tiver sido proferida em processo de competência originária do Conselho ou pelo Plenário do Tribunal de Ética e Disciplina, a ser submetida a julgamento pelo Pleno do Conselho.*
> *§ 1º. Recebido o Recurso Interno, o Presidente do Conselho Seccional ou do Tribunal de Ética e Disciplina, na forma dos incisos I e II, nomeará relator para análise de admissibilidade e posterior apresentação de relatório e voto;*
> *§ 2º. O recurso manifestamente intempestivo será inadmitido, por decisão monocrática e fundamentada pelo relator, devendo a parte recorrente ser notificada da decisão.*
> *§ 3º. Admitido o Recurso Interno, em decisão fundamentada, o relator determinará a manifestação da parte recorrida para, querendo, apresentar contrarrazões.*

> *§ 4º. Cumprido o § 3º, os autos serão encaminhados ao relator que deverá apresentar relatório e voto por escrito, de forma fundamentada e contendo ementa na forma do manual de elaboração de ementas aprovado pelo Conselho Seccional, no prazo de até 30 (trinta) dias úteis, a ser submetido a julgamento na forma dos incisos I e II;*
>
> *§ 5º. As partes deverão ser notificadas para comparecimento à sessão de julgamento, garantindo-lhes o direito à sustentação oral, na forma deste Regimento.*

Observemos que o supracitado dispositivo legal tratou de 2 (dois) cenários distintos: a) decisão majoritária proferida por uma das Turmas Julgadoras; b) decisão majoritária proferida pelo Plenário do TED ou em processo de competência originária do Conselho Seccional.

Tem-se, portanto, que em sendo proferida decisão majoritária por uma das Turmas Julgadoras, será cabível a interposição de Recurso Interno, a ser dirigido ao Presidente do TED, que nomeará como relator membro do Tribunal Pleno do TED para análise de admissibilidade e posterior apresentação de relatório e voto.

Na prática, embora direcionado ao Presidente do TED, o Recurso Interno é protocolado nos mesmos autos em que se proferiu a decisão majoritária combatida, sendo vedado ao relator da Turma Julgadora negar a remessa dos autos ao órgão *ad quem*, o qual possui competência para análise dos requisitos de admissibilidade, na forma do disposto no art. 138, §1º do RGEAOAB.

Quando a decisão majoritária houver sido prolatada pelo Tribunal Pleno do Tribunal de Ética ou em Órgão de competência exclusiva do Conselho Seccional, como uma das Câmaras Especializadas, será cabível a interposição de Recurso Interno, a ser dirigido ao Presidente do Conselho, que nomeará Conselheiro como relator para análise de admissibilidade e posterior apresentação de relatório e voto.

Em ambos os casos, remetidos os autos ao relator nomeado para análise do recurso, caberá em um primeiro momento a análise de sua admissibilidade, observando-se, tão somente, a tempestividade do recurso e legitimidade da parte recorrente. Em caso de intempestividade, o Recurso Interno será monocraticamente inadmitido, por decisão fundamentada do relator, devendo a parte ser notificada da referida decisão.

Caso outro, em sendo admitido o Recurso, também através de decisão de admissibilidade fundamentada, deverá o relator determinar a manifestação da parte contrária em contrarrazões. Importante destacar que embora a apresentação de contrarrazões seja uma faculdade da parte, tal não ilide a obrigatoriedade de ser esta notificada para apresentá-las, sob pena de nulidade por cerceamento de defesa.

Um parêntese importante neste aspecto é ter em mente que a ausência de contrarrazões não é causa de nulidade, mas tão somente a inexistência de notificação da parte para, querendo, apresentá-las. Sobre este ponto, há ampla jurisprudência do Conselho Federal, a saber:

> *Recurso nº 09.0000.2022.000047-9/SCA-PTU (Ref.: Recurso nº 09.0000.2020.000033-9/SCA-PTU). Recorrente: M.C.A.O.S. (Advogados: Jacqueline Nasser Saba OAB/GO 59.234 e outros). Recorrido: A.L.B.S. (Advogado: André Luiz Bueno da Silva OAB/GO 15.699). Interessados: Conselho Seccional da OAB/Goiás e N.B.S. (Advogados: Vinícius Balestra Baião OAB/GO 37.023 e outros). Relatora: Conselheira Federal Rebeca Sodré de Melo da Fonseca Figueiredo (PB). EMENTA Nº 055/2023/SCA-PTU. Recurso ao Conselho Federal da OAB. Art. 75, caput, do Estatuto da Advocacia e da OAB. Decisão definitiva e unânime de Conselho Seccional da OAB/Goiás. Ausência de notificação dos procuradores da representante para apresentação de contrarrazões, bem como para a sessão de julgamento e acerca do*

acórdão proferido por esta Turma. Nulidade Absoluta. Art. 73, § 1º, do Estatuto da Advocacia e da OAB. Recurso parcialmente provido. 1) A ausência de notificação dos procuradores da representante para apresentação de contrarrazões, para a sessão de julgamento e acerca do acórdão proferido por esta Turma, cerceou seu direito de questionar tal decisão, nos termos do artigo 73, § 1º, do EAOAB. 2) Recurso parcialmente provido para anular a decisão proferida pela Primeira Turma da Segunda Câmara, que anulou o presente processo disciplinar, determinando a devida notificação dos procuradores da representante para apresentação das contrarrazões e para a sessão de julgamento. Acórdão: Vistos, relatados e discutidos os autos do processo em referência, acordam os membros da Primeira Turma da Segunda Câmara do Conselho Federal da Ordem dos Advogados do Brasil, observado o quorum exigido no art. 92 do Regulamento Geral, por unanimidade, em dar parcial provimento ao recurso, nos termos do voto da Relatora. Brasília, 18 de abril de 2023. Márcio Brotto de Barros, Presidente em exercício. Rebeca Sodré de Melo da Fonseca Figueiredo, Relatora. (DEOAB, a. 5, nº 1090, 27.04.2023, p. 9)

Recurso nº 49.0000.2018.012758-3/SCA-TTU. Recorrentes: C.B. e G.L.G.L. (Advogado: Marcel Dimitrow Grácia Pereira OAB/PR 27.001). Recorrido: C.E.F. Representante legal: J.Z.S. (Advogados: Aluísio Martins Borelli OAB/PR 70.989 e outros). Interessado: Conselho Seccional da OAB/Paraná. Relator: Conselheiro Federal Alberto Zacharias Toron (SP). EMENTA Nº 015/2022/SCA-TTU. 1. No processo administrativo sancionador, como no processo penal, o representado deve ser intima-

> *do para apresentar contrarrazões de todo e qualquer recurso apresentado pelo representante. 2. O juízo de retratação a ser feito pela autoridade administrativa com atribuição para tanto, sob pena de nulidade, só pode ser feito, como no recurso em sentido estrito previsto no CPP, após a apresentação das contrarrazões da parte recorrida. 3. Ocorre nulidade e deve ser reconhecida de ofício quando, como no caso, o juízo de retratação é feito sem que o representado tenha sido intimado para as contrarrazões. 4. Da data em que ocorreu o despacho nulificado até o presente passaram-se mais de cinco anos. 5. Ocorrência da prescrição quinquenal. Acórdão: Vistos, relatados e discutidos os autos do processo em referência, acordam os membros da Terceira Turma da Segunda Câmara do Conselho Federal da Ordem dos Advogados do Brasil, observado o quorum exigido no art. 92 do Regulamento Geral, por unanimidade, em declarar, de ofício, a extinção da punibilidade pela ocorrência da prescrição da pretensão punitiva, nos termos do voto do Relator. Impedida de votar a Representante da OAB/Paraná. Brasília, 1° de abril de 2022. Milena da Gama Fernandes Canto, Presidente. Alberto Zacharias Toron, Relator. (DEOAB, a. 4, n° 829, 08.04.2022, p. 11)*

Apresentadas as contrarrazões, ou não exercido o direito de apresentar no prazo legal, serão os autos remetidos ao relator nomeado para elaboração de relatório e voto, a ser submetido ao colegiado a que integrar, seja o Tribunal Pleno do TED, quando a decisão majoritária houver sido prolatada por uma das Turmas Julgadoras ou o Conselho Seccional, por seu Pleno ou Órgão Especial, caso a decisão majoritária combatida tenha sido prolatada pelo Tribunal Pleno do TED ou Órgão Julgador do Conselho.

Que se destaque, por sua relevância, que a decisão prolatada pelo Conselho Seccional, ainda que majoritária, não enfrenta a interposição de Recurso Interno, mas sim um dos recursos cabíveis a serem remetidos ao Conselho Federal, como foi devidamente abordado nos tópicos próprios.

Merece especial observância que, o relator nomeado para análise do Recurso Interno possui prazo de 30 (trinta) dias úteis, a contar do recebimento dos autos com as contrarrazões — ou a certificação de não apresentação — para apresentação do relatório e voto nos autos, que será submetido ao colegiado em sessão de julgamento, da qual as partes — mesmo a recorrida que não tenha apresentado contrarrazões — deverão ser intimadas a comparecer, em data a ser estabelecida pelo calendário da Seccional.

Por fim, e em cumprimento ao amplo direito de defesa resguardado a todos aqueles que participam dos processos disciplinares no sistema OAB, a notificação das partes para comparecimento à sessão de julgamento que apreciará o Recurso Interno deve constar o direito à sustentação oral na forma do RIOAB/RJ, cujo prazo é de 10 (dez) minutos para cada parte.

Ressalta-se que, em análise dos Regimentos Internos dos Conselhos Seccionais e Tribunais de Ética e Disciplina do país, somente o Rio de Janeiro passará a adotar — se assim aprovado pelo Conselho Seccional — a nomenclatura do Recurso Interno no âmbito de seus órgãos julgadores, não sendo observado em nenhuma outra Seccional, até o presente momento.

3.4.3 Acordo de Não Persecução Disciplinar (ANPD)

Embora não se trate de um recurso, não podemos deixar de apresentar a existência, embora restrita ao estado do Rio Grande do Norte, do acordo de não persecução disciplinar, incluído no art. 123-A e 123-B do RIOAB/RN, que adiante demonstramos:

> *Art. 123-A. A proposta de acordo de não persecução disciplinar poderá ser formulada, de forma espontânea, pela parte interessada ou por advogado representado em processo ético-disciplinar.*
> *§1° O acordo de não persecução disciplinar não será cabível nas seguintes hipóteses:*
> *I – quando a conduta objeto da representação disciplinar for punível com pena de exclusão;*
> *II - quando advogado representado tiver condenação por pena de suspensão em 3 processos disciplinares com trânsito em julgado;*
> *III – quando o fato objeto da representação disciplinar for também tipificado como crime punível com pena mínima igual ou superior a 04 (quatro) anos de prisão, salvo a absolvição ou extinção da punibilidade do representado;*
> *IV – enquanto estiver o representado cumprido suspensão preventiva; e*
> *V – o fato objeto da apuração seja passível de caracterizar a inidoneidade moral do advogado, devendo o relator do processo, nesta hipótese, suscitar o incidente de declaração de inidoneidade.*
> *§2° Para ter direito à celebração do acordo de não persecução disciplinar, deverá o representado quitar as anuidades vencidas nos anos anteriores à sua celebração e*

estar em dia com as parcelas da anuidade do exercício vigente quando da sua homologação, devendo o relator do processo, ao formular a proposta de acordo de não persecução, fixar prazo não superior a 60 (sessenta) dias para cumprimento de tal obrigação.

§3º A proposta de acordo de não persecução disciplinar deverá compreender, cumulativamente, as seguintes cláusulas:

I – reparação do dano, se houver; e

II – pagamento de multa em favor da OAB/RN, no valor mínimo de 50% (cinquenta por cento) de uma anuidade e máximo de 10 (dez) anuidades vigentes na data da celebração, de acordo com a gravidade da infração e eventual reincidência na prática de infração ético- disciplinar do advogado;

§4º A celebração do acordo de não persecução disciplinar não implica em reconhecimento de culpa.

§5º Celebrado o acordo de não persecução disciplinar, ficará o processo ético-disciplinar suspenso pelo período de 01 (um) a 06 (seis) meses, aguardando o cumprimento das suas cláusulas, assim como a suspensão do prazo prescricional.

§6º O cumprimento do acordo de não persecução deverá ser comprovado nos autos do processo ético-disciplinar pelo advogado beneficiado;

§7º Somente será passível de homologação o acordo de não persecução após o cumprimento de todas as obrigações referidas nos §§ 2º e 3º deste artigo.

§8º Verificado o cumprimento de todas as obrigações previstas nos §§ 2º e 3º, será o acordo homologado e o processo ético-disciplinar arquivado definitivamente.

§9º O cumprimento de acordo de não persecução disciplinar não implica em penalidade e nem gera reincidência para o advogado.

§10º O descumprimento de acordo de não persecução disciplinar implica na retomada do curso do processo ético-disciplinar em que foi celebrado e impede o representado de celebrar novo acordo de não persecução pelo prazo de 02 (dois) anos, no mesmo processo ou em qualquer outro em curso, contado do despacho que declarar descumprido o acordo celebrado.

§11º O advogado somente poderá ser beneficiado com a celebração de um novo acordo de não persecução disciplinar após o transcurso de 02(dois) anos do cumprimento do acordo anterior.

Art.123-B. Sob pena de preclusão, a parte interessada em celebrar acordo de não persecução deverá manifestar interesse dentro do prazo para apresentação de alegações finais, caso o processo se encontre em trâmite perante o Tribunal de Ética e Disciplina, ou em até 5 dias depois de recebida a intimação de inclusão do processo em pauta de julgamento do Conselho Seccional.

Parágrafo único. Na hipótese de desclassificação da conduta imputada ao representado de uma hipótese que não permita a celebração de acordo de não persecução disciplinar para outra que permita, deverá o julgamento ser suspenso para que as partes se manifestem sobre o interesse de celebração do acordo no prazo preclusivo de 05 (cinco) dias, permanecendo o processo em pauta de julgamento.

O ANPD tem regramentos específicos, e somente poderá ocorrer a requerimento, de forma espontânea, pela parte interessada ou por advogado representado em processo ético-disciplinar, desde que a conduta objeto da persecução disciplinar não seja punível com a pena de exclusão, que o advogado não possua 3 (três) condenações à pena de suspensão transitadas em julgado, que o fato objeto do processo disciplinar não seja, também, tipificado como crime punível com pena mínima igual ou superior a 4 (quatro) anos de prisão[56], não esteja o advogado cumprindo suspensão preventiva ou, ainda, que o fato da apuração não seja passível de caracterizar inidoneidade moral do advogado.

As causas excludentes da possibilidade de realização de ANPD são taxativas e excludentes, bastando a presença de uma delas para que não seja cabível a proposta de não persecução disciplinar.

Ademais, não se fazendo presente quaisquer das causas excludentes da possibilidade do ANPD, para que tenha o advogado direito à celebração do acordo, este deverá estar em dia com as parcelas da anuidade vigente e quite com as vencidas nos anos anteriores, podendo quitar as anuidades em atraso para a celebração do acordo, em até 60 dias da homologação pelo relator.

Os arts. 123-A e 123-B do RIOAB/RN são cristalinos, e demonstram as condições do ANPD, como reparação do dano e pagamento de multa em favor da OAB/RJ, não implicando a celebração do acordo em reconhecimento de culpa e suspendendo o processo ético-disciplinar pelo período de 1 a 6 meses, inclusive com suspensão do prazo prescricional.

Aqui abrimos um parêntese quanto à possibilidade de suspensão do prazo prescricional, considerando a inexistência de previsão legal para suspensão da prescrição, matéria esta de ordem pública e que não comporta, a nosso ver, dilações decorrentes de regimentos internos.

Por fim, o ANPD não implica em penalidade para o advogado nem gera reincidência, certo de que o descumprimento do acordo acarreta o

[56] Salvo em caso de absolvição ou extinção da punibilidade do representado.

retorno da tramitação do processo disciplinar e impede, por 2 anos, a possibilidade de novo acordo, seja no mesmo processo ou em outro.

Tal instrumento reforça a tese defendida por estes autores de que o maior interessado na apuração de infrações disciplinares é a Ordem dos Advogados do Brasil e não a parte representante. Tal qual debatido no Livro I – Fase de Conhecimento, embora muitos representantes acreditem que terão suas questões processuais resolvidas na representação disciplinar, tal premissa não é verdadeira, limitando-se à Instituição a apuração e eventual punição disciplinar do inscrito que tenha cometido uma infração.

E nesta clave, sendo de exclusivo interesse da OAB, a possibilidade de acordo de não persecução disciplinar se mostra interessante, especialmente se utilizado com parcimônia e no objetivo de reparação do dano causado, com viés mais educativo do que punitivo.

Uma bela iniciativa da OAB/RN que merece nosso reconhecimento.

3.5 Organograma Recursal de cada Seccional do Brasil

Em que pese o desejo de trazer, didaticamente, organogramas de cada Seccional, de forma a facilitar a visualização da estrutura recursal em cada estado, não se pode perder de vista a competência exclusiva dos Conselhos Seccionais quando a matéria versar sobre aplicação da pena de exclusão e a declaração de inidoneidade. O caminho recursal apresentado nos organogramas prevê um processo disciplinar, sem competências exclusivas, com decisões proferidas pelas Turmas dos TEDs.

3.5.1 Acre

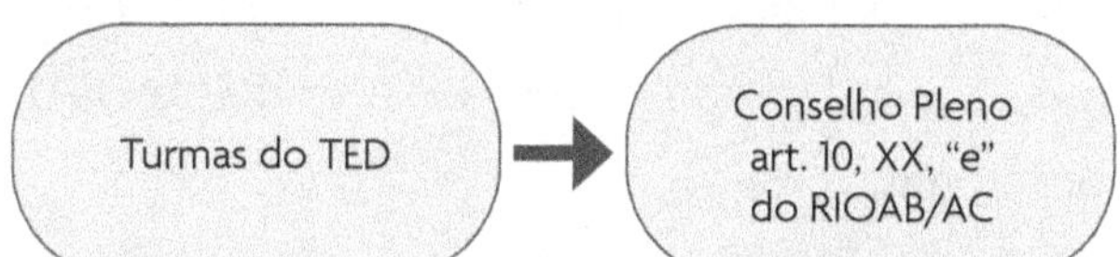

Das decisões das Turmas do TED/AC, cabe recurso ao Conselho Pleno na forma do art. 10, XX, "e" do RIOAB/AC, certo de que, caso a decisão seja unânime, o recurso a ser manejado é o Recurso Ordinário (art. 64, I do RITED/AC) e, caso seja plurânime, caberá Embargos Infringentes, na forma do art. 248, I do RIOAB/AC.

Ademais, o Regimento Interno do TED/AC, em seu art. 9º, IV dispõe sobre o cabimento de recurso ao Pleno do TED contra decisões interlocutórias de seus relatores ou do Presidente do TED. Tal recurso, embora sem denominação formal, representa verdadeiro Agravo, tal qual já debatido no tópico próprio, o que demonstra o cabimento do referido recurso defendido nesta obra.

3.5.2 Alagoas

Antes de apresentar um organograma da Seccional de Alagoas, há de se demonstrar algumas questões que foram vislumbradas nos Regimentos Internos do Conselho e de seu Tribunal de Ética, e que reforçam a extrema necessidade de uma unificação de procedimentos disciplinares no sistema OAB.

O art. 5º do RIOAB/AL dispõe como competência de seu Conselho, além de outras, aquelas definidas no art. 57 e 58 da Lei 8.906/94 que, por sua vez, define a competência dos conselhos seccionais para julgar, em grau de recurso, as questões decididas por seu Presidente, por sua diretoria, pelo Tribunal de Ética e Disciplina, pelas diretorias das Subseções e da Caixa de Assistência dos Advogados[57].

Em seguida, o art. 6º, 1 e 2 do RIOAB/AL define como Órgãos do Conselho Seccional o Conselho Pleno e as Câmaras. O art. 7º, que define a competência do Conselho Pleno, é silente quanto à possibilidade de julgar, em grau de recurso, decisões do Tribunal de Ética e Disciplina, sendo esta competência definida no art. 15-A do RIOAB/AL à 3ª Câmara do Conselho Seccional.

---

[57] Art. 58, III do EAOAB.

Nesta toada, poderíamos entender que o Conselho Seccional de Alagoas, por seu Regimento Interno, transferiu à 3ª Câmara de seu Conselho a competência para julgar os recursos advindos de processos disciplinares. Todavia, no mesmo regimento interno, especificamente o art. 57, dispõe o cabimento de recurso ao Conselho Pleno contra decisões proferidas pelo TED e, posteriormente, em seu art. 59, prevê o cabimento de Embargos Infringentes contra decisões não unânimes do TED dirigidas ao Conselho Pleno.

E não é só. O Regimento Interno do TED/AL traz outra possibilidade. Em seu art. 73, o RITED/AL prevê a possibilidade de Embargos Infringentes e Embargos de Divergência ao Pleno do TED (art. 73, II, "a" e "b") e de "recurso" direto ao Conselho Seccional, presumindo que a parte "abriu mão" dos recursos anteriores (art. 73, III, "b").

DECISÃO UNÂNIME

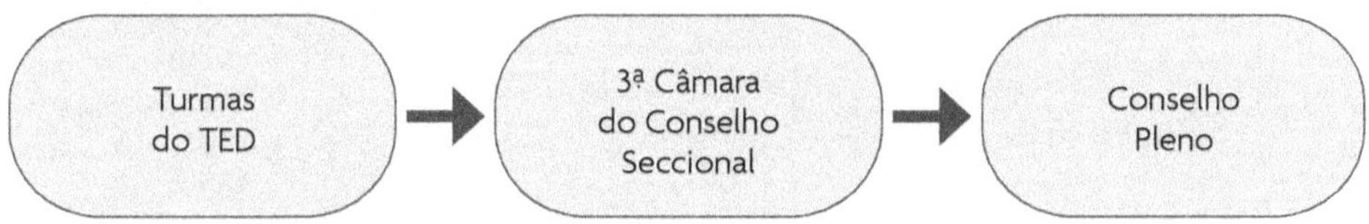

DECISÃO NÃO UNÂNIME

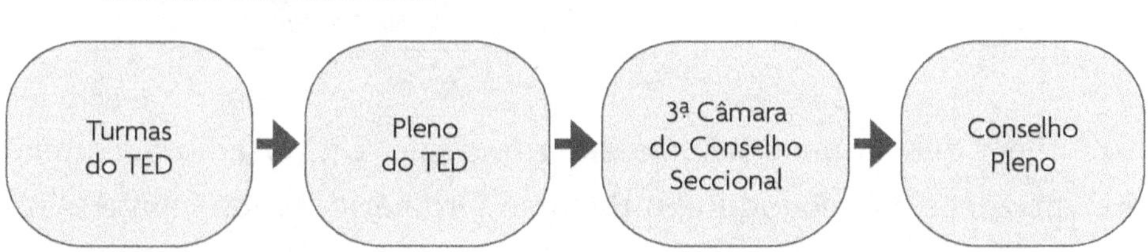

A competência do Pleno do TED para julgar Embargos Infringentes e Embargos de Divergência encontra-se no art. 34, VII do RIOAB/AL e nos arts. 73, II, "a" e "b" do RITED/AL. Por sua vez, a competência da 3ª Câmara do Conselho Seccional se encontra tipificada no art. 15-A do

RIOAB/AL e do Conselho Pleno para os Embargos Infringentes no art. 59 do RIOAB/AL e para "recurso" no art. 57 do RIOAB/AL.

Por fim, em todos os casos, na forma do que dispõe o art. 73, III, "b" do RITED/AL c/c art. 57 do RIOAB/AL, caberá "recurso" diretamente ao Conselho Pleno, renunciando a parte aos demais recursos possíveis direcionados a outros Órgãos Recursais.

3.5.3 Amapá

O site da OAB/AP não disponibiliza seu regimento interno, razão pela qual será apresentado organograma baseado nos arts. 57, 58, III e 76 do EAOAB.

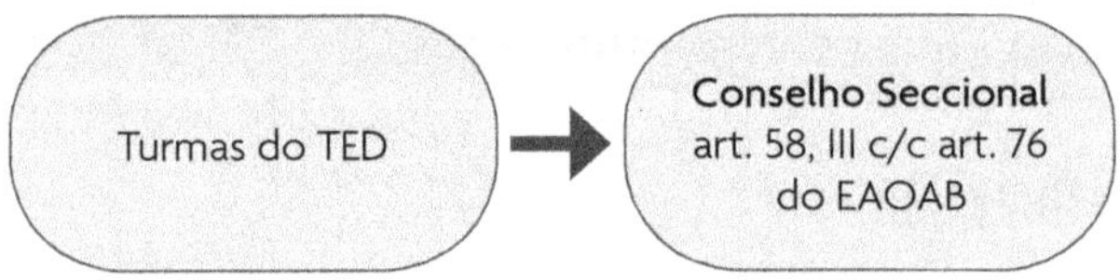

3.5.4 Amazonas

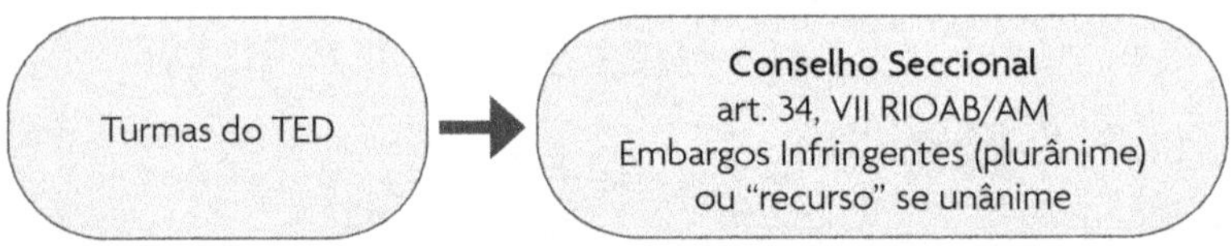

Veja que, como afirmado anteriormente, o Conselho Seccional do Amazonas não denomina o Recurso Ordinário, sendo cabível "recurso" ao Conselho Seccional das decisões proferidas pelo Tribunal de Ética e Disciplina. De forma diferente, o art. 34, VII do RIOAB/AM prevê, expressamente, a figura dos Embargos Infringentes contra decisões não unânimes.

3.5.5 Bahia

O Conselho Seccional da Bahia, embora preveja o cabimento de Embargos Infringentes (art. 226, I do RIOAB/BA), não distingue o órgão recursal baseado no tipo de decisão, unânime ou não, embora não utilize a expressão Recurso Ordinário, utilizando-se o termo genérico "recurso".

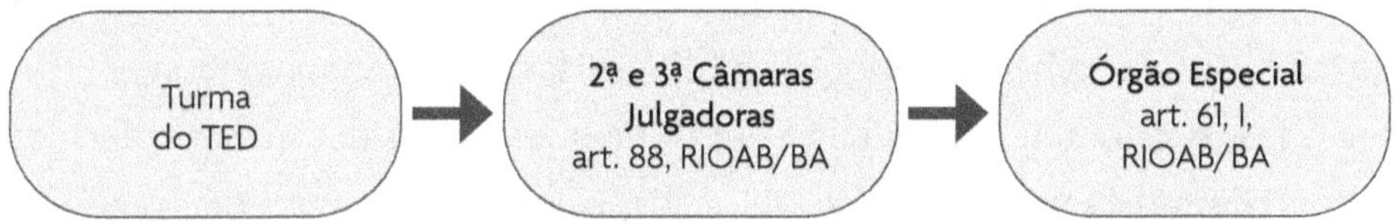

3.5.6 Ceará

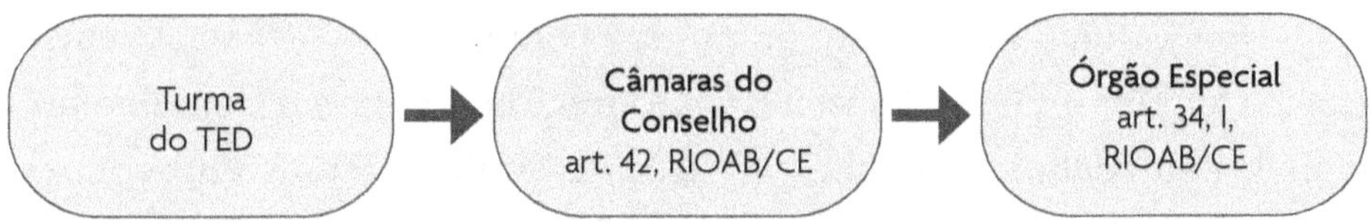

3.5.7 Distrito Federal

O site da OAB/AP não disponibiliza seu regimento interno. O organograma adiante foi elaborado com base no Regimento Interno do TED/DF, incluindo-se o Conselho Seccional como instância recursal, na forma do art. 57, 58, III e 76 do EAOAB.

Há, ainda, expressa previsão de "recurso" ao Tribunal Pleno do TED/DF[58] das decisões divergentes da interpretação da lei, de decisões do Conselho Federal e de seus Provimentos, de decisão do Conselho Seccional ou de outra Seccional, o que se traduz em evidente Embargos de Divergência. Entretanto, se a divergência for parcial, o referido recurso limitar-se-á ao ponto divergente, exclusivamente, conforme art. 85, parágrafo único do RITED/DF.

Noutro giro, o art. 86 do RITED/DF dispõe o cabimento de "recurso" ao Conselho Especial do TED em face de decisões de suas Turmas. Por fim, o art. 91 do RITED/DF dispõe que as decisões proferidas pelo Tribunal Pleno e pelo Conselho Especial são passíveis de "recurso" ao Conselho Seccional.

3.5.8 Espírito Santo

A Seccional do Espírito Santo traz como última instância recursal em seu âmbito o Órgão Especial, órgão fracionário de seu Conselho Seccional, assim definido no art. 3º, IV c/c art. 15, IV do RIOAB/ES, com expressa previsão de que das decisões proferidas pelo Órgão Especial não cabe recurso ao Conselho Pleno, na forma do art. 58, §1º do RIOAB/ES.

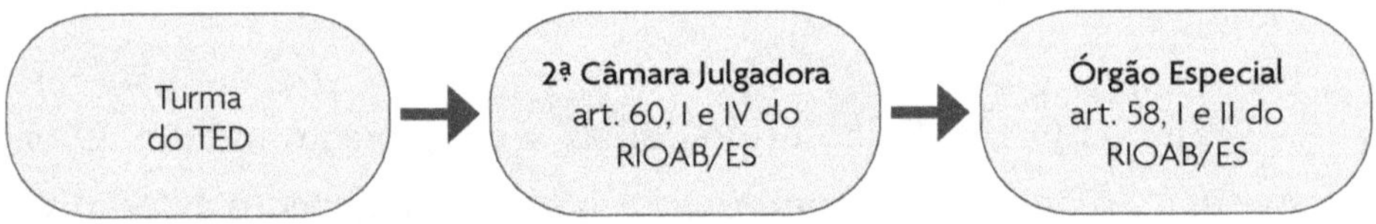

[58] Art. 85, *caput*, do RITED/DF.

3.5.9 Goiás

No Tribunal de Ética e Disciplina de Goiás, as Turmas Julgadoras são denominadas Câmaras Julgadoras, que possuem atribuição para instruir e julgar os processos ético-disciplinares, excluindo-se a competência do Órgão Especial do TED[59].

Já no âmbito de seu Conselho, dentre os órgãos fracionários encontra-se o Conselho Pleno (art. 2°, I, RIOAB/GO) e as Primeira, Segunda e Terceira Câmaras (art. 2°, II, RIOAB/GO), estas últimas com competência para processar e julgar recursos advindos do Tribunal de Ética e Disciplina, na forma do art. 25, II, "a" e "b" do RIOAB/GO.

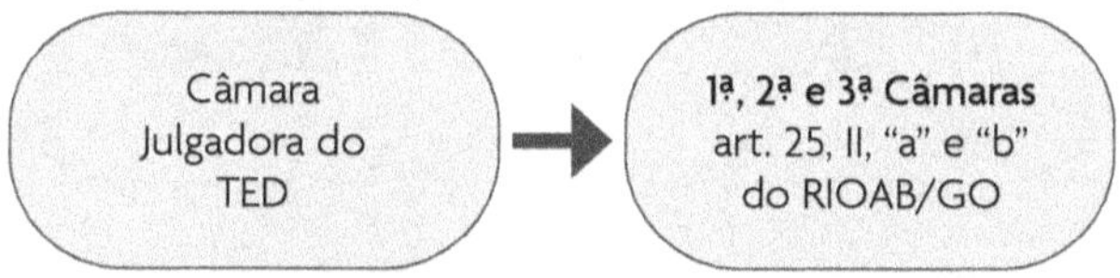

3.5.10 Maranhão

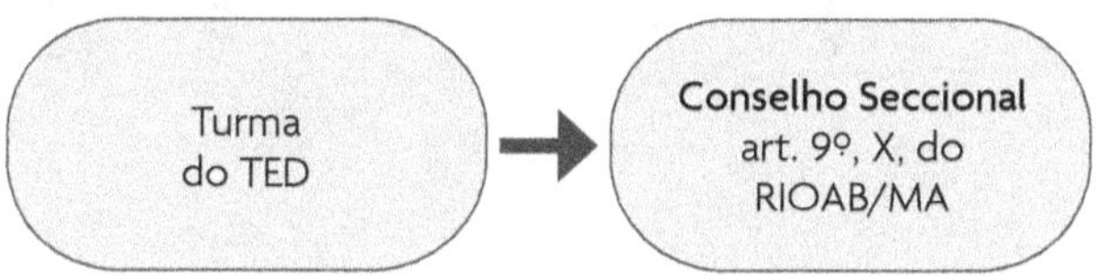

3.5.11 Mato Grosso

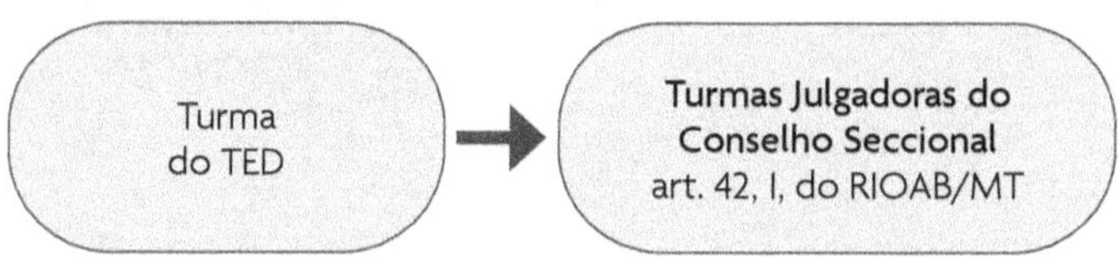

59 Art. 14 e 15 do RITED/GO.

3.5.12 Mato Grosso do Sul

O Conselho Seccional do Mato Grosso do Sul, tal qual outros Conselhos, inclui o Embargos Infringentes em seus recursos, dirigidos ao Tribunal Pleno do TED, razão pela qual apresentaremos 2 (dois) organogramas distintos, um quando a decisão proferida pela Turma Julgadora do TED for unânime e outro quando for plurânime, considerando a inclusão de uma "instância recursal" nestes casos.

DECISÃO UNÂNIME

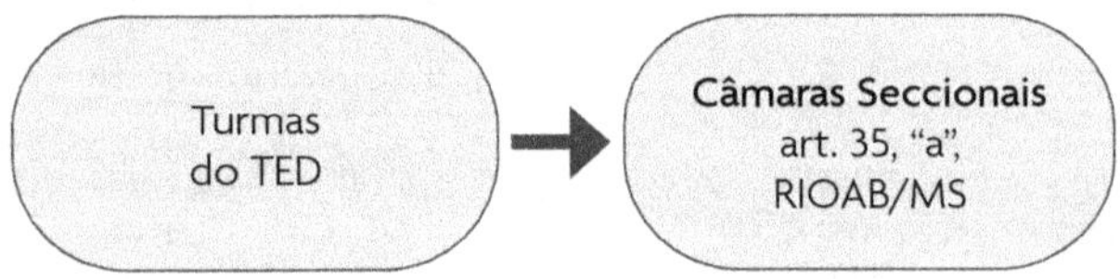

DECISÃO NÃO UNÂNIME

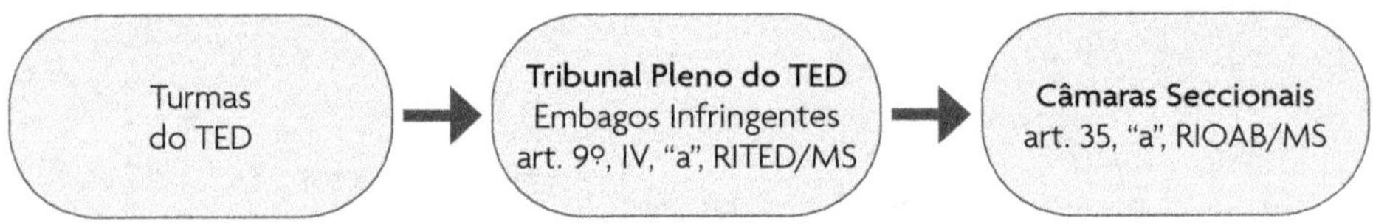

3.5.13 Minas Gerais

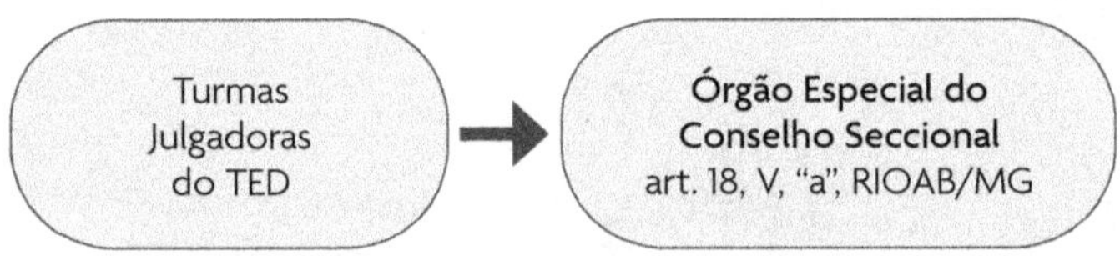

3.5.14 Pará

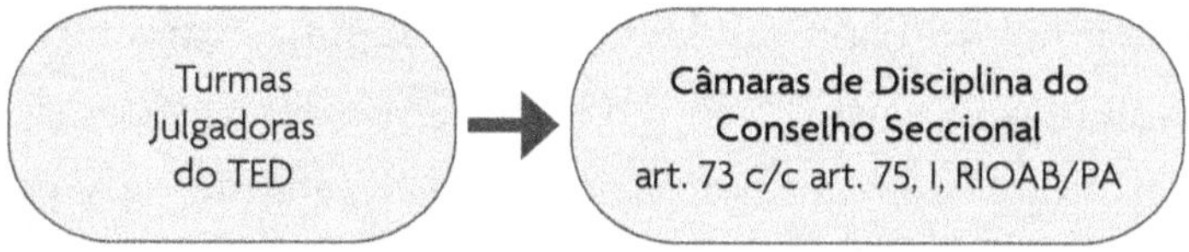

3.5.15 Paraíba

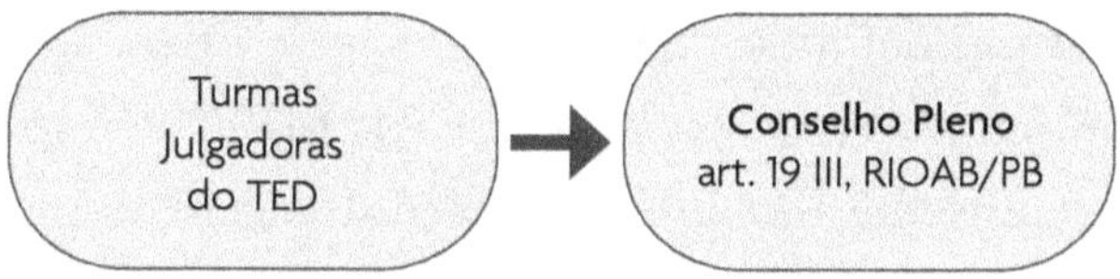

3.5.16 Paraná

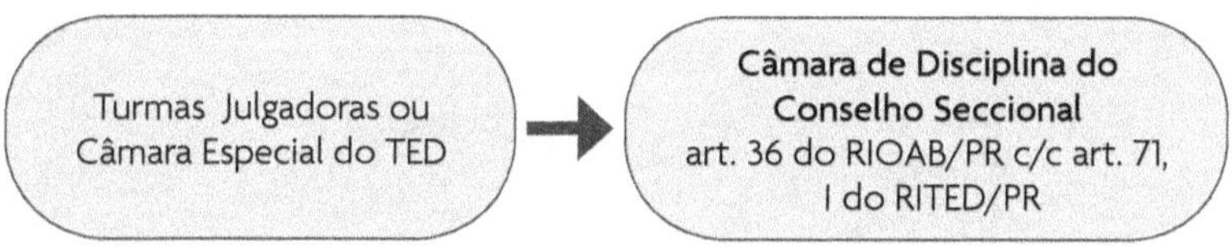

3.5.17 Pernambuco

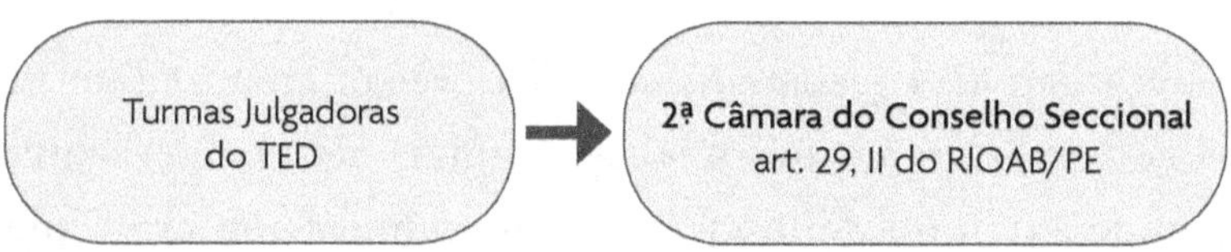

3.5.18 Piauí

A Seccional do Piauí também guarda algumas características a serem mencionadas. No art. 7º do RIOAB/PI, que define a competência do Conselho Pleno, não há competência recursal definida, salvo o disposto no inciso VII, que trata de recurso contra decisões de seu Presidente, da Diretoria, da Caixa de Assistência e da Comissão Eleitoral. Entretanto, não se pode afastar-se do disposto nos arts. 57 e 58, III do EAOAB, que define a competência dos Conselhos Seccionais para julgar, em grau de recurso, as questões definidas pelos Tribunais de Ética.

Nesta mesma clave, o art. 84 do RITED/PI define o cabimento de recurso ao Conselho Seccional em face de decisões proferidas pelas Turmas Julgadoras do TED. Um ponto importante diz respeito à competência do Tribunal Pleno do TED para apreciar recurso (voluntário) das decisões do Presidente do Tribunal, aqui incluída a decisão de arquivamento liminar, por exemplo.

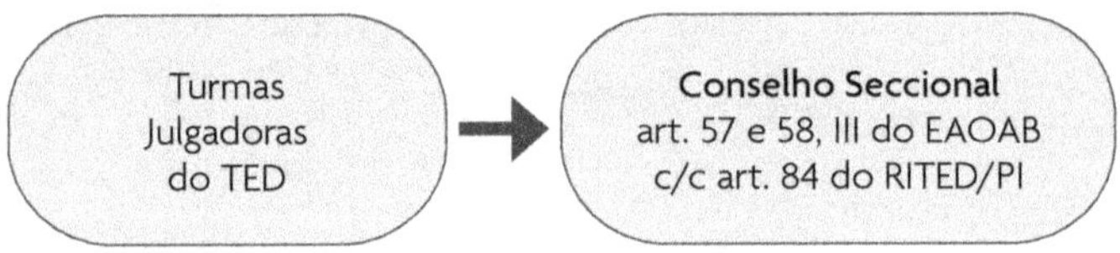

3.5.19 Rio de Janeiro

Talvez uma das Seccionais com maiores diferenças recursais, envolvendo diversos órgãos que se encontram na mesma hierarquia, dado à sua grande extensão de inscritos e seu regimento interno que se encontra desatualizado, embora em vias de alteração, com já narrado algumas vezes.

Estes autores, como membros de diversos órgãos fracionários da estrutura do Conselho Seccional tiveram grande ressalva em apresentar críticas envolvendo os processos disciplinares. Todavia, em respeito ao leitor e a todas as demais Seccionais do país que nos atrevemos a criticar, embora com viés construtivo, não nos furtaremos de tecer os necessários comentários, objetivando aclarar o procedimento recursal de forma imparcial e didática.

O primeiro ponto a ser apresentado reluz na existência dos Embargos Infringentes, direcionados ao Tribunal Pleno do TED/RJ, cuja crítica construtiva debatemos no estudo do referido recurso. Trata-se do mesmo órgão revendo suas próprias decisões, quando estas não forem unânimes, criando, assim, uma "instância secundária" que não guarda o princípio da isonomia, visto que as decisões unânimes das Turmas Julgadoras não são levadas à apreciação do Tribunal Pleno, sendo remetidas diretamente ao Conselho Seccional.

Outro ponto a ser destacado, e que não se trata de crítica, mas merece ser apresentado aos leitores, trata-se da competência do Órgão Especial do Conselho Seccional de forma concorrente ao Conselho Pleno, naquelas matérias que não demandem *quorum* qualificado ou competência exclusiva, tais como aplicação da pena de exclusão e declaração de inidoneidade, por exemplo.

Significa dizer que o Órgão Especial, nas demais matérias, possui a mesma competência do Conselho Pleno[60], sendo o direcionamento para um, ou outro, uma questão meramente administrativa. Ademais, o relator do Órgão Especial pode, a seu exclusivo critério, determinar que certo recurso seja encaminhado ao Conselho Pleno, por entender que a matéria deva ser mais amplamente discutida.

Assim, tal qual optamos quando apresentamos o organograma da Seccional do Mato Grosso do Sul, com relação ao Rio de Janeiro diferenciaremos a decisão da Turma Julgadora do TED quando unânime e quando não unânime.

Noutro giro, o Regimento Interno do Tribunal de Ética e Disciplina restou alterado no ano de 2022, aprovado por seu Tribunal Pleno,

---

[60] Art. 223 do RIOAB/RJ.

mas ainda pendente de aprovação pelo Conselho Seccional, razão pela qual será adotado o RITED/RJ vigente, sem as alterações contidas no novo regimento.

De igual modo, a proposta de alteração do Regimento Interno do Conselho Seccional do Rio de Janeiro até a presente data não foi colocada à apreciação do Conselho Pleno, razão pela qual também serão observadas as normas vigentes no RIOAB/RJ.

DECISÃO UNÂNIME (Recurso Ordinário)

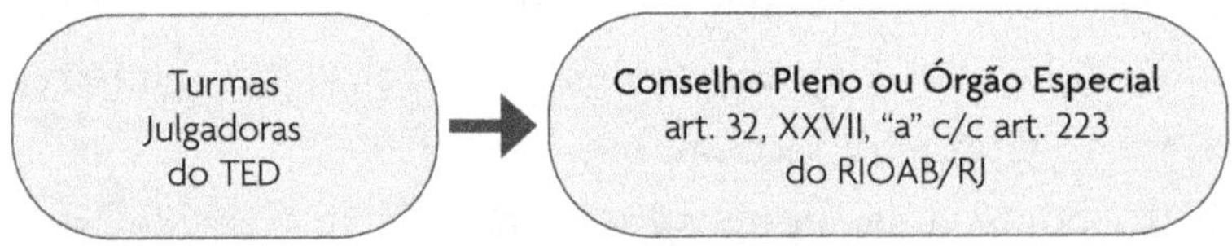

DECISÃO PLURÂNIME (Embargos Infringentes)

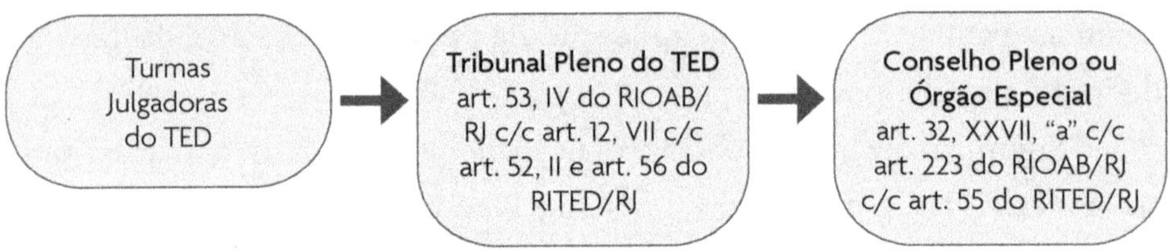

Outra característica relevante a ser observada no Conselho Seccional do Rio de Janeiro diz respeito à nomenclatura dos recursos, independente do órgão a que se dirige. O art. 201 do RIOAB/RJ dispõe sobre os recursos cabíveis no âmbito de seus órgãos julgadores, definindo como Ordinários[61] aqueles manejados contra decisões terminativas unânimes e como Embargos Infringentes[62] aqueles manejados contra decisões terminativas não unânimes.

[61] Art. 201, I do RIOAB/RJ.

[62] Art. 201, IV do RIOAB/RJ.

Nesta mesma toada, o Regimento Interno do TED/RJ mantém o mesmo entendimento, definindo o Recurso Ordinário em seu art. 52, I e os Embargos Infringentes em seu art. 52, II.

Desta forma, analisemos a seguinte situação: uma decisão majoritária proferida por uma das Turmas Julgadoras do TED/RJ será passível de Embargos Infringentes dirigidos ao Tribunal Pleno do TED/RJ que, caso decida também de forma não unânime, tal decisão enfrentará, também, Embargos Infringentes ao Conselho Pleno ou Órgão Especial[63].

Noutro aspecto, uma decisão majoritária proferida por uma das Turmas Julgadoras do TED/RJ será passível de Embargos Infringentes dirigidos ao Tribunal Pleno do TED/RJ que, caso decida de forma unânime, tal decisão enfrentará Recurso Ordinário ao Conselho Pleno ou Órgão Especial[64].

Por fim, mas não menos importante, voltando à possibilidade do Agravo, destacamos alguns dispositivos legais contidos tanto do RIOAB/RJ quanto no RITED/RJ que preveem tal possibilidade, embora não dê qualquer denominação ao recurso.

O RITED, em seu art. 12, VII, "a" define a competência do Tribunal Pleno do TED/RJ para julgar os recursos contra decisões interlocutórias prolatadas pelos relatores ou pela mesa diretora em processos de sua competência, o mesmo texto encontrado no art. 53, III do RIOAB/RJ. Ainda neste diapasão, o art. 201, II do RIOAB/RJ expressamente prevê a figura do Agravo para atacar despachos interlocutórios ou ordenatórios.

Portanto, não há que se falar em falta de previsão legal para o agravo, considerando que ambos os Regimentos Internos, do Conselho e do Tribunal de Ética e Disciplina, preveem tal possibilidade, sendo, portanto, passíveis de recursos às decisões ou despachos interlocutórios e ordenatórios proferidos pelos relatores ou pela mesa diretora.

---

63 Art. 56, par. único do RITED/RJ.

64 Art. 55 do RITED/RJ.

3.5.20 Rio Grande do Norte

Na Seccional do Rio Grande do Norte, observando-se o art. 27 do RIOAB/RN, não se percebe a inclusão de competência recursal dos processos disciplinares ao Conselho Seccional, o que leva à aplicabilidade exclusiva do art. 58, III c/c art. 76 do EAOAB.

Entretanto, pode-se observar que o art. 135, I do RIOAB/RN prevê a admissibilidade dos Embargos Infringentes para decisões não unânimes, enquanto o art. 138 do RIOAB/RN prevê o Recurso Ordinário ao Conselho Seccional.

Desta forma, tal qual o Rio de Janeiro, embora Rio Grande do Norte preveja apenas o Conselho Seccional como competente para processar e julgar recurso de decisões disciplinares, caso a decisão seja plurânime, será cabível Embargos Infringentes, caso contrário, será o Recurso Ordinário.

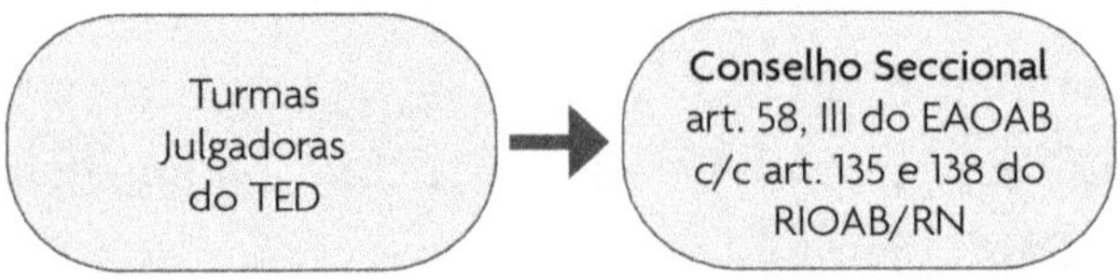

3.5.21 Rio Grande do Sul

Merece destaque que, na forma do art. 59, §1° do RIOAB/RS, das decisões do Órgão Especial não cabe recurso ao Conselho Pleno, devendo ser direcionados ao Conselho Federal.

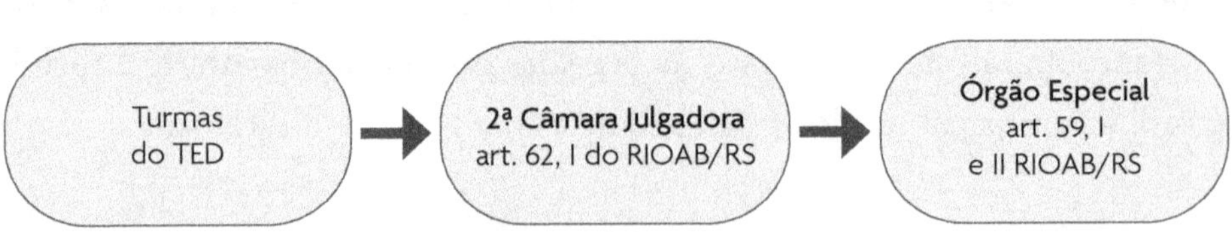

3.5.22 Rondônia

O Conselho Seccional de Rondônia tem definido no art. 12, XVIII do RIOAB/RO a competência de seu Conselho Seccional para processar e julgar recursos em face de decisões do Tribunal de Ética e Disciplina. Entretanto, da leitura do art. 3º do RITED/RO, observa-se a competência do TED para julgar recursos de decisões terminativas de seus relatores, embora tal competência não esteja listada nas competências do Tribunal Pleno no art. 6º do RITED/RO.

Em análise mais atenta, podemos concluir que o recurso definido no art. 3º do RITED/RO diz respeito às decisões monocráticas terminativas de seus relatores, como as que indeferem oitiva de testemunhas, por exemplo, sendo, então, mais uma clara demonstração de possibilidade de agravo no sistema OAB. E neste sentido, embora não se encontre no art. 6º do RITED/RO, compreendemos que a competência para julgar o referido recurso é do Tribunal Pleno do TED/RO.

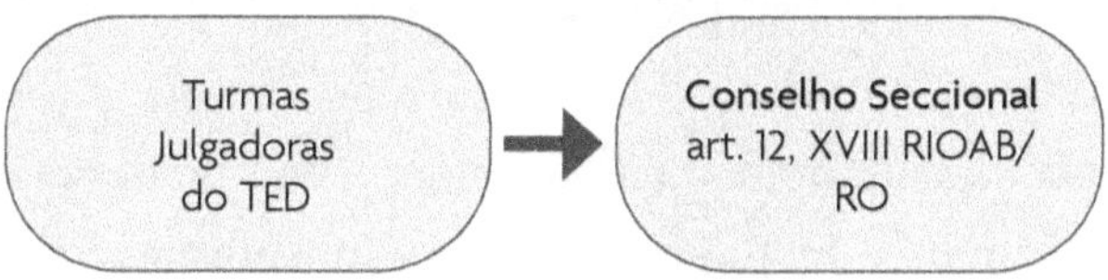

3.5.23 Roraima

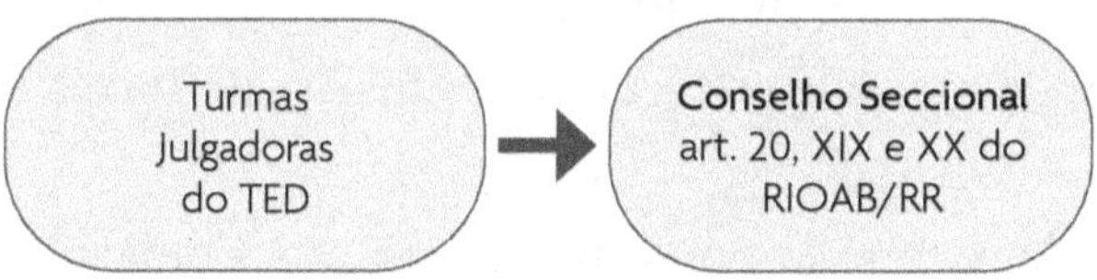

Uma pequena observação a ser apresentada, diz respeito ao art. 20, XIX do RIOAB/RR, uma vez que, no texto disponibilizado na internet, o referido inciso consta como XIV, quando deveria ser XIX, seguindo a sequência numeral, considerando que o próximo inciso é o XX, tratando-se, ao que parece, de simples erro material.

3.5.24 Santa Catarina

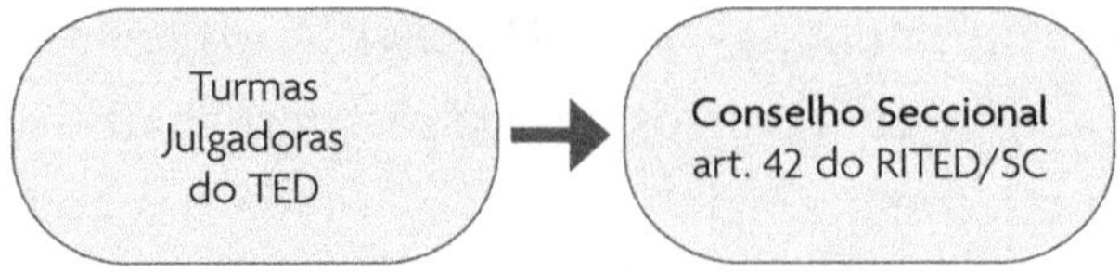

3.5.25 São Paulo

No âmbito do Conselho Seccional de São Paulo, dada a sua extensão e grande número de inscritos, algumas peculiaridades se distinguem das demais seccionais. A mais relevante é a presença das Turmas Julgadoras do TED/SP nas subseções, o que permite uma maior proximidade com o Tribunal de Ética por parte dos advogados que se encontram distante da capital.

Outra peculiaridade, esta relacionada aos recursos em geral, é a existência de Câmaras de Julgamento do Conselho Seccional, definidas no art. 25 e seguintes do RIOAB/SP, sendo de competência das 2ª a 10ª Câmaras o julgamento dos recursos interpostos em face de decisões do Tribunal de Ética e Disciplina[65]. Nestes casos, qualquer que seja a decisão proferida pelo TED, unânime ou não, o recurso cabível a uma das Câmaras de Julgamento é o Recurso Ordinário, na forma do que dispõe o art. 155 do RIOAB/SP.

Há, ainda, expressa previsão quanto aos Embargos Infringentes, definido no art. 158 do RIOAB/SP, cabível em face de decisões não unânimes proferidas pelas Câmaras de Julgamento. Entretanto, não há indi-

[65] Art. 27, "a" do RIOAB/SP.

cação de qual órgão processará e julgará os embargos infringentes, nos levando a crer que devam ser submetidos ao Conselho Seccional.

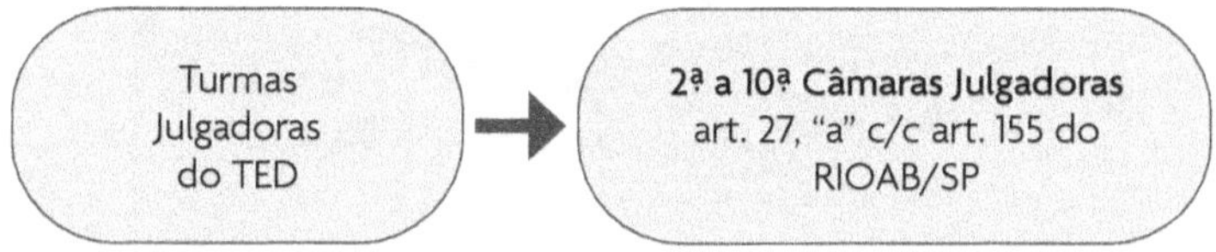

3.5.26 Sergipe

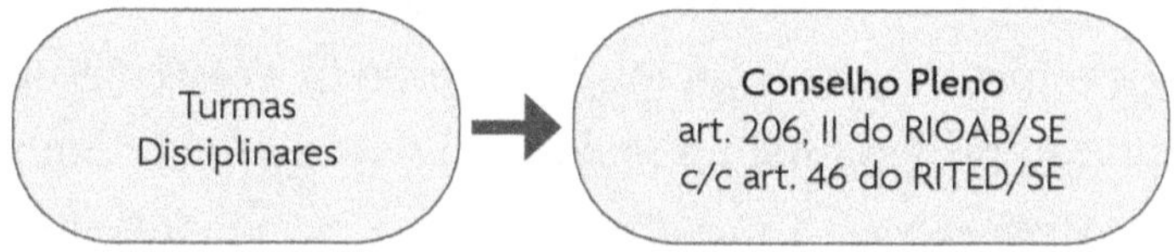

No Regimento Interno do TED/SE, existe, ainda, como já narrado anteriormente, a previsão de interposição de Embargos Regimentares, caso a decisão das Turmas Disciplinares contrarie a jurisprudência de outra Turma Disciplinar ou do Tribunal Pleno[66].

Embora o RITED/SE seja silente quanto à competência para julgar os Embargos Regimentares, pode-se concluir que deverá o referido recurso ser direcionado ao Tribunal Pleno do TED/SE. Ademais, da decisão que julgar os Embargos Regimentares é cabível recurso ao Conselho Seccional, conforme disposto no art. 45, §4º do RITED/SE.

Outra observação importante é a previsibilidade de Embargos Infringentes contida no art. 206, §1º do RIOAB/SE, embora não haja direcionamento diverso, sendo este dirigido ao Conselho Seccional, caso a decisão das Turmas Disciplinares seja plurânime.

---

66 Art. 45 do RITED/SE.

3.5.27 Tocantins

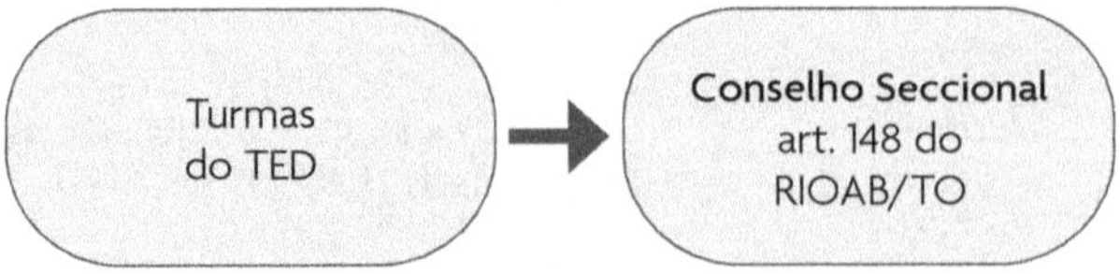

3.6 Disposições Finais

Como visto acima, cada Seccional possui uma estrutura diferenciada, com competências e recursos distintos, o que causa grande dificuldade na atuação profissional no âmbito do sistema OAB. Embora possa parecer exaustivo repetir a mesma tese, faz-se extremamente necessário que, em um futuro próximo, seja pensado um estudo legislativo, ou até mesmo através do próprio Conselho Federal da OAB, objetivando a unificação dos procedimentos processuais disciplinares.

A ideia de um Código de Processo Disciplinar não parece demais desarrazoada, ao contrário, virá no caminho da democratização do processo disciplinar, unificando procedimentos e trazendo a mais ampla e necessária segurança jurídica aos que se encontram inseridos nos processos, perante o sistema OAB.

4. Processo de Revisão

Embora não se trate, em sua essência, de recurso contra decisão proferida pelos Órgãos Julgadores do sistema OAB, o processo de revisão é uma possibilidade garantida pela Lei 8.906/94[67], permitindo que se repare eventuais erros cometidos pelas decisões disciplinares proferidas nos processos ético-disciplinares.

Possui regramento próprio, requisitos específicos, possibilidade de supressão da pena aplicada de forma cautelar, tramitando tal qual uma fase de conhecimento e sendo passível de recurso como qualquer representação ou processo disciplinar.

Há de se ter cautela ao inaugurar o pedido de revisão de uma condenação disciplinar, especialmente sob a ótica do que dispõe o art. 68 do EAOAB, uma vez que a legislação disciplinar leciona acerca do pedido de revisão e seus requisitos, como será adiante abordado.

Outro ponto a ser observado, que reforça a tese da necessidade de uma unificação nacional de procedimentos disciplinares no âmbito do sistema OAB, se demonstra, novamente, na análise individual de cada Regimento Interno das Seccionais do país, certo de que, além da previsão legal do EAOAB, o pedido de revisão possui previsão no art. 68 do Código de Ética e Disciplina e no art. 85, II do RGEAOAB.

4.1 Conceito

O ser humano é falho. Dito isto, todo o sistema processual é realizado por pessoas abnegadas que dispensam seu conhecimento, tempo

[67] Art. 73, §5º EAOAB.

e esforço para a melhoria da profissão. Muitos podem pensar, especialmente aqueles que pouco conhecem a estrutura da Ordem dos Advogados do Brasil, que membros dos TEDs e Conselheiros recebam algum auxílio financeiro para o exercício de importante tarefa, mas não! O trabalho é totalmente voluntário e realizado com o único propósito de engrandecer a advocacia como um todo.

E nesta clave, tanto uma decisão monocrática como aquelas proferidas por órgão colegiado podem ser equivocadas sob algum aspecto, seja pela incorreção das provas apresentadas, seja pela inobservância dos inúmeros aspectos disciplinares, ou até mesmo, em alguns casos, pela existência de prova nova que possa alterar substancialmente o resultado de um determinado processo.

Para tais casos, a legislação previu o processo de revisão da condenação disciplinar, que como afirmado, não se reveste de caráter recursal, embora possa rever uma decisão proferida.

A enciclopédia jurídica da PUC-SP[68], para conceituar a revisão criminal cita o ilustre doutrinador Espínola Filho em que leciona ser "*uma provocação a que, em casos expressamente configurados na lei, o tribunal, prolator duma sentença condenatória passada em julgado, ou instância superior à do juiz de que emana tal decisão, faça o reexame do processo, no sentido de beneficiar o condenado, quer o absolvendo, quer lhe minorando a situação, com qualificação menos rigorosa da infração, ou diminuição da pena imposta, quer anulando o processo*".

O conceito criado por Espínola Filho[69] melhor traduz o processo de revisão disciplinar, guardadas as especificidades do processo penal em relação ao processo disciplinar, e nos servirá de base para conceituar a revisão disciplinar.

---

68 https://enciclopediajuridica.pucsp.br/verbete/452/edicao-1/revisao-criminal. Página visitada em 09.12.2023.

69 ESPÍNOLA FILHO, Eduardo. Código de Processo Penal Brasileiro anotado, p. 312.

Assim, definimos a revisão disciplinar como sendo o instrumento processual que pretende a reforma de uma condenação disciplinar no sistema OAB em benefício do representado, nos casos expressamente previstos na legislação ético-disciplinar, a ser dirigida ao órgão prolator da decisão final, com a possibilidade de improcedência, redução da pena imposta, alteração do enquadramento legal da infração para outra menos rigorosa ou a anulação do processo.

4.2 Requisitos

Quanto aos requisitos do pedido de revisão disciplinar, há a necessidade de análise sob a luz do que dispõe a Lei 8.906/94, o Código de Ética e Disciplina e os Regimentos Internos dos Conselhos Seccionais e/ou dos Tribunais de Ética e Disciplina de cada Conselho, observando-se as peculiaridades e os requisitos de admissibilidade em cada estado brasileiro.

A primeira análise deve ocorrer a partir do EAOAB, que em seu art. 73, §5° dispõe que "*É também permitida a revisão do processo disciplinar, por erro de julgamento ou por condenação baseada em falsa prova.*"

Assim, o Estatuto define como condições para a propositura de pedido de revisão disciplinar a existência de (i) erro de julgamento; (ii) condenação baseada em falsa prova.

Observe-se, entretanto, o que dispõe o art. 68, §1° do Código de Ética e Disciplina: "*tem legitimidade para requerer a revisão o advogado punido com a sanção disciplinar*". Portanto, a expressão "*advogado punido com sanção disciplinar*" pressupõe que a decisão seja condenatória e, ainda, haja transitado em julgado.

Destaque-se que não tem legitimidade para pedido de revisão a parte representante no processo de origem, mas tão somente o(a) advogado(a) punido(a). Portanto, decisões que julguem improcedente ou que reconheçam a prescrição, por exemplo, não podem ser alvo de pedido de revisão.

Embora a legislação disciplinar não seja expressa neste aspecto, como vimos anteriormente, é condição *sine qua non* para o pedido de revisão do trânsito em julgado de decisão condenatória. Podemos, então, incluir outro requisito para a interposição do pedido de revisão disciplinar, qual seja, ter a decisão condenatória transitado em julgado.

Desta forma, sob a luz do Estatuto da Advocacia e do Código de Ética e Disciplina, são requisitos para a admissibilidade do pedido de revisão:

a) Erro de julgamento;
b) Condenação baseada em falsa prova;
c) Trânsito em julgado de decisão condenatória.

Importante frisar que esta obra abordará apenas os pedidos de revisão decorrentes de processo disciplinar no sistema OAB, embora alguns Regimentos Internos dos Conselhos Seccionais admitam pedido de revisão em outros processos administrativos.

Assim, já analisados os requisitos contidos na Lei 8.906/94 e no Código de Ética e Disciplina, que embasarão grande parte dos pedidos de revisão a nível nacional, necessário que nos debrucemos sobre os Regimentos Internos dos Conselhos e dos Tribunais de Ética e Disciplina, considerando que alguns deles apresentam requisitos ou possibilidades de admissão adicionais aos já apresentados.

Antes de analisar um a um aqueles que apresentam diferenças em relação ao EAOAB e ao CED, apresentamos quadro indicativo da previsão de revisão dos processos disciplinares em cada uma das Seccionais do país:

Seccional	RIOAB	RITED
Acre	art. 207, VIII c/c art. 239 ss.	
Amazonas	art. 164 e ss.	
Bahia	art. 230 e ss.	art. 116 e ss.
Ceará	art.153 e ss.	
Espírito Santo	art. 122 e ss.	
Goiás	art. 93	art. 61-A e ss.
Mato Grosso	art. 186 e ss.	
Mato Grosso do Sul	art. 257 e ss.	
Minas Gerais	art. 164 e ss.	art. 7º, III c/c art. 22, III c/c art. 57, IV c/c
Pará	art. 191 e ss.	art. 93
Paraiba	art. 128	art. 53 e 54
Paraná	art. 130 e ss.	
Pernambuco	art. 162 e ss.	art. 135 e 136
Piauí		art. 81
Rio de Janeiro	art. 166 e ss.	
Rio Grande do Norte	art. 166 e ss.	
Rio Grande do Sul	art. 188 e ss.	
Rondônia	art. 76	
Roraima	art. 131 e ss.	
São Paulo	art. 27, "b"	art. 90 e ss.
Sergipe	art. 211 e ss.	art. 36 e ss.
Tocantins	art. 132	

Alguns Conselhos Seccionais ou Tribunais de Ética não disponibilizam seus regimentos internos em seus sites, o que impossibilitou, aqui, a indicação dos dispositivos legais.

Após a análise de cada um dos regimentos internos acima indicados, alguns pontos foram observados e merecem destaque. Em sua grande maioria, observa-se no dispositivo legal que prevê a possibilidade de admissão dos pedidos de revisão as seguintes situações:

a) quando, em virtude de alteração na disciplina legal da matéria, tiverem cessado as razões em que se baseara a decisão a ser revista;
b) se o interessado oferecer prova fundamental que não pôde apresentá-la anteriormente, por motivo de força maior;
c) quando, a juízo do Conselho, ocorrer motivo relevante que justifique o reexame da matéria;
d) em processos disciplinares nas hipóteses previstas no Estatuto.

Observe-se que há expressa distinção entre processos disciplinares e demais processos no âmbito daqueles Conselhos, o que pode causar interpretações diversas, seja pela mais restritiva, de que nos processos disciplinares só é cabível a revisão nas hipóteses previstas no Estatuto, seja sob uma visão mais garantista, no sentido de que além das hipóteses previstas no Estatuto, caberá revisão caso estejam presentes quaisquer daquelas hipóteses indicadas no texto legal.

E aqui nos filiamos a esta última interpretação, mais favorável aquele que pretende ver revista uma decisão condenatória contra si imposta. Caso o regimento interno do Conselho ou do Tribunal de Ética e Disciplina que aplicou a penalidade preveja outras hipóteses de cabimento, estas devem ser objeto de análise revisional, como é o caso nas Seccionais do Acre, Bahia, Pernambuco, Piauí, Rio de Janeiro, Rio Grande do Norte e Rio Grande do Sul.

Importante, portanto, que no momento da elaboração do pedido de revisão disciplinar, o(a) advogado(a) tenha em mãos o regimento interno do Conselho e do Tribunal de Ética e Disciplina do estado que prolatou a decisão condenatória, de forma a observar os requisitos que se distingam daqueles contidos do EAOAB e no CED.

Por fim, importante trazer a colação que o Regimento Interno do TED de Sergipe apresenta requisito objetivo quando o pedido de revisão se fundar em condenação baseada em falsa prova. O art. 36, §2º do RITED/SE apresenta como documentação obrigatória a ser juntada com o pedido de revisão a declaração judicial de falsidade da prova contestada ou laudo técnico que concluiu por sua falsidade, a saber:

> *RITED/SE – Art. 36. O pedido de revisão será processado em autos apartados e formulado diretamente ao Tribunal de Ética de Disciplina.*
> *[omissis]*
> *§2º. Na revisão baseada na falsidade da prova, deverá ser juntada dos autos do processo judicial no qual foi declarada a falsidade da prova contestada ou, pelo menos, o laudo técnico que concluiu pela falsidade da prova.*

Ultrapassada a questão dos requisitos de admissibilidade do pedido de revisão, passemos à análise do procedimento adotado na revisão, bem como a possibilidade de suspensão da execução da pena em decisão de tutela cautelar.

4.3 Da possibilidade de suspensão da execução da pena em tutela cautelar

Inicialmente, a regra contida no art. 68, §6º do CED é expressa ao afirmar que o pedido de revisão não suspende os efeitos da condenação imposta, apresentando, todavia, exceção a esta regra no mesmo dispositivo legal, ao conferir ao relator do pedido de revisão a faculdade de conceder tutela cautelar para que se suspenda a execução, ante a relevância dos fundamentos e o risco de consequências irreparáveis para o requerente.

Há de se destacar que a concessão da tutela cautelar de suspensão dos efeitos da condenação é uma faculdade do relator do processo de revisão, que deve restar fundada na relevância dos fundamentos e no risco de consequências irreparáveis, não sendo automática a suspensão dos efeitos da pena pelo simples ingresso com o pedido revisional.

Na prática diária, é comum observar uma total confusão processual residente na competência para análise do pedido de revisão. Como visto da leitura dos regimentos internos dos Conselhos Seccionais e dos Tribunais de Ética e Disciplina, em sua grande maioria são conflitantes entre si e divorciados do que determina do art. 68, §2° do CED, como melhor será analisado adiante.

Esta confusão quanto à competência, muitas vezes, definida como exclusiva dos Conselhos Seccionais em seus regimentos internos leva o pedido de revisão a ser direcionado ao Presidente do Conselho que, muitas vezes, já defere ou indefere eventual pedido de tutela antecipada, em completa supressão de competência do relator a ser nomeado para a instrução e julgamento do pedido de revisão.

O texto expresso no art. 68, §6° do CED não deixa margem a interpretações diversas, sendo competência exclusiva do relator a análise de eventual relevância dos fundamentos apresentados no pedido de revisão e o risco de consequências irreparáveis ao requerente, em juízo de cognição sumária, podendo conceder, ou negar, a tutela cautelar de suspensão dos efeitos da pena imposta.

Desta forma, enquanto não tivermos uma unicidade processual a nível nacional, é importante que os membros dos Conselhos e Tribunais de Ética tenham em mente que o Código de Ética e Disciplina encontra-se em posição superior na pirâmide hierárquica, devendo ser ele aplicado sempre que os regimentos internos venham a ser conflitantes com o CED.

Esta premissa vale para todo o procedimento a ser adotado nos processos de revisão, certo de que a grande maioria dos regimentos internos apresenta procedimento diverso do disposto no art. 68 do CED como, por exemplo, a autuação nos próprios autos em que restou proferida a decisão condenatória, embora o Código de Ética determine autuação própria com o apensamento dos autos de origem para análise e consulta.

4.4 Procedimento

Neste particular, considerando as divergências entre os regimentos internos dos Conselhos e dos Tribunais de Ética e Disciplina do país, levaremos em consideração o procedimento definido pelo Código de Ética e Disciplina, que deverá regulamentar toda a tramitação do processo de revisão, ante o princípio da especialidade e a hierarquia legislativa.

Tomamos, então, como fonte de referência o art. 68 do CED, que detalhadamente apresenta o procedimento de tramitação do processo de revisão, a despeito do que possa restar definido em regimentos internos.

> *Art. 68. Cabe revisão do processo disciplinar, na forma prevista no Estatuto da Advocacia e da Ordem dos Advogados do Brasil (art. 73, § 5°).*
>
> *§ 1° Tem legitimidade para requerer a revisão o advogado punido com a sanção disciplinar.*
>
> *§ 2° A competência para processar e julgar o processo de revisão é do órgão de que emanou a condenação final.*
>
> *§ 3° Quando o órgão competente for o Conselho Federal, a revisão processar-se-á perante a Segunda Câmara, reunida em sessão plenária.*
>
> *§ 4° Observar-se-á, na revisão, o procedimento do processo disciplinar, no que couber.*
>
> *§ 5° O pedido de revisão terá autuação própria, devendo os autos respectivos ser apensados aos do processo disciplinar a que se refira.*
>
> *§ 6° O pedido de revisão não suspende os efeitos da decisão condenatória, salvo quando o relator, ante a rele-*

vância dos fundamentos e o risco de consequências irreparáveis para o requerente, conceder tutela cautelar para que se suspenda a execução.

§ 7º A parte representante somente será notificada para integrar o processo de revisão quando o relator entender que deste poderá resultar dano ao interesse jurídico que haja motivado a representação.

O primeiro ponto importante a ser destacado é a competência para processar e julgar o processo de revisão. Muitos Regimentos Internos de Conselho Seccional definem, de forma equivocada, a competência do Conselho Pleno para o processamento e julgamento da revisão, inclusive com indicação de que somente será julgada procedente a revisão se contar com voto favorável da maioria absoluta do Conselho Pleno, como é o caso do Rio de Janeiro[70], por exemplo, em seu vigente regimento interno[71].

Dito isto, como se pode observar no art. 68, §2º do CED, a competência para processar a julgar o processo de revisão é do órgão que emanou a condenação final. Assim, se a condenação proferida pela Turma do TED transitar em julgado sem interposição de recursos, será a Turma do TED competente para processar e julgar o pedido de revisão. Se a decisão condenatória for emanada em sede de recurso ao Conselho Pleno Seccional, por exemplo, será aquele Conselho o competente, e assim por diante.

Que não se confunda a competência do órgão que emanou a condenação final com a prevenção do relator que proferiu a decisão. Não há qualquer prevenção do relator do voto condenatório em relação ao processo de revisão, mas tão somente do órgão. Até porque, consideran-

---

70 Art. 169 do RIOAB/RJ.

71 A proposta de alteração do RIOAB/RJ, que se encontra em tramitação, tratou de adequar o RI ao Código de Ética, tanto na questão da competência quanto na inexistência de necessidade de maioria absoluta dos integrantes do Conselho para a procedência da revisão.

do que, via de regra, a tramitação processual sobrevive à gestão trienal dos conselhos, não seria viável vincular por prevenção o pedido de revisão àquele relator da origem. Todavia, o órgão é, sem dúvida, prevento. Desta forma, uma condenação final emanada por determinada Turma do TED deverá a ela ser dirigido o pedido de revisão.

Outro aspecto relevante diz respeito à legitimidade para requerer a revisão da condenação, esta definida como exclusiva do(a) advogado(a) punido com a sanção disciplinar[72]. Desta forma, somente o próprio advogado punido é parte legítima para requerer a revisão da condenação.

Dito isto, resta necessária uma reflexão: caso mais de um(a) advogado(a) seja punido na mesma decisão condenatória, e apenas um(a) deles(as) inaugure processo de revisão, a decisão de procedência, eventualmente, proferida na revisional aproveita o(a) outro(a) advogado(a)?

Nossa legislação disciplinar é omissa neste aspecto e, por isso, nos caberia buscar auxílio na legislação processual penal, aplicada de forma subsidiária na forma do art. 68 do EAOAB.

Analisando-se o que dispõe os arts. 621 e seguintes do Código de Processo Penal, a dúvida não restaria sanada, uma vez que também é silente o *codex* processual no sentido do aproveitamento da revisão aos demais réus do processo que não tenham requerido a revisão. Noutro giro, tem-se o que dispõe o art. 580 do CPP que, embora trate de recursos, dispõe que não tendo se fundado o recurso em motivos de caráter, exclusivamente, pessoal, a decisão proferida aproveitará aos outros, nos casos de concurso de agentes.

Nesta toada, trazendo-se o caso para os processos disciplinares, entendemos que a decisão proferida em processo de revisão que não seja baseada em caráter exclusivamente pessoal daquele que requereu a revisão tem, sim, o condão de aproveitar ao demais correpresentados.

Vejamos um exemplo: dois advogados são representados por prestar concurso a clientes ou a terceiros para realização de ato contrário à

[72] Art. 68, §1º do CED.

lei ou destinado a fraudá-la, sendo, ao final, ambos condenados à pena de suspensão. Após o trânsito em julgado, o representado A ingressa com pedido de revisão, enquanto o advogado B aceita a pena e a cumpre integralmente. Ao final do processo de revisão, há decisão que reconhece erro de julgamento, uma vez que antes da decisão condenatória o processo teria sido fulminado pela prescrição. Neste caso, será a condenação anulada em relação a ambos os representados, independente do advogado B não compor o polo ativo do pedido de revisão.

Todavia, cada caso é único e deverá ser analisado individualmente, competindo ao relator do processo de revisão a análise de aproveitamento daquela decisão ao outro correpresentado que não tenha requerido a revisão disciplinar, certo de que a prática cotidiana nos demonstra que são raros os casos em que a revisão disciplinar inaugurada por um poderá aproveitar a outro.

Ato contínuo aplica-se ao processo de revisão, no que couber, o procedimento do processo disciplinar. Neste diapasão, nemSr o pedido de revisão for o Conselho Federal, a revisão será processada perante a Segunda Câmara, a se reunir em sessão plenária.

4.5 Recursos contra decisão no Processo de Revisão

Considerando que são aplicáveis aos processos de revisão, no que couber, os procedimentos do processo disciplinar, não restam dúvidas que os recursos estudados na presente obra são cabíveis no âmbito das revisões.

A primeira possibilidade recursal ocorre no despacho de inadmissibilidade do processo de revisão. Há de ser observado que o relator designado não profere decisão de indeferimento liminar do pedido, mas tão somente opina neste sentido, sendo a decisão proferida pelo Presidente do Conselho Seccional, qualquer que seja o Órgão em que tramita o pedido revisional.

Será da decisão do Presidente do Conselho Seccional que caberá recurso, na forma de cada Regimento Interno, sendo o mais correto o Recurso Voluntário, como já debatido anteriormente, que tem por essência combater decisão de indeferimento liminar proferida pelo presidente do Conselho.

Sem ingressarmos nas questões controvertidas que discutimos, quando mencionamos o Agravo nos processos disciplinares, não restam dúvidas de que o despacho de admissibilidade que nega pedido de tutela cautelar para suspensão dos efeitos da penalidade imposta possui cunho decisório e, portanto, a nosso ver, podem ser objeto de recurso.

Todavia, devido a grande problemática da não unificação dos procedimentos a nível nacional, bem como a enorme possibilidade de se postergar a prestação jurisdicional no processo de revisão que, sem sombra de dúvidas, apenas trará prejuízos ao requerente, não julgamos pertinente um recurso em face do indeferimento da cautelar. Primeiro que nenhum regramento disciplinar traz o procedimento a ser adotado nestes casos, o que poderá causar um gargalo na tramitação processual diante da ausência de indicação a quem se direcionará o recurso.

Segundo que, mesmo que se utilize do recurso voluntário para atacar a decisão proferida em sede de pedido de tutela cautelar, dirigindo o pedido recursal ao Conselho Seccional, caso a revisional tramite perante o TED, de certo a tramitação do processo de revisão será totalmente interrompida até o julgamento do recurso que, ao final, deverá retornar para a continuidade da instrução e julgamento do mérito.

É, sem dúvida, uma decisão importante a ser tomada pelo requerente que, inegavelmente pretende ver seu pedido de revisão rapidamente julgado.

Outros recursos possíveis de serem exercitados nos processos de revisão são os Embargos de Declaração, Embargos Infringentes, no caso de decisão não unânime, e Recurso Ordinário, no caso de decisão unânime, tudo conforme já destrinchado anteriormente.

5. Processo de Reabilitação

Tal qual o processo de revisão, tramita pelo rito especial os processos de reabilitação, que se encontram previstos no art. 41 do EAOAB e no art. 69 do CED, possuindo algumas diferenças importantes quando comparado com o pedido de revisão.

Vejamos cada um dos dispositivos legais citados:

> *Lei 8.906/94*
>
> *Art. 41. É permitido ao que tenha sofrido qualquer sanção disciplinar requerer, um ano após seu cumprimento, a reabilitação, em face de provas efetivas de bom comportamento.*
>
> *Parágrafo único. Quando a sanção disciplinar resultar da prática de crime, o pedido de reabilitação depende também da correspondente reabilitação criminal.*
>
> *Código de Ética e Disciplina*
>
> *Art. 69. O advogado que tenha sofrido sanção disciplinar poderá requerer reabilitação, no prazo e nas condições previstos no Estatuto da Advocacia e da Ordem dos Advogados do Brasil (art. 41).*
>
> *§ 1º A competência para processar e julgar o pedido de reabilitação é do Conselho Seccional em que tenha sido aplicada a sanção disciplinar. Nos casos de competência originária do Conselho Federal, perante este tramitará o pedido de reabilitação.*
>
> *§ 2º Observar-se-á, no pedido de reabilitação, o procedimento do processo disciplinar, no que couber.*

> *§ 3º O pedido de reabilitação terá autuação própria, devendo os autos respectivos ser apensados aos do processo disciplinar a que se refira.*
>
> *§ 4º O pedido de reabilitação será instruído com provas de bom comportamento, no exercício da advocacia e na vida social, cumprindo à Secretaria do Conselho competente certificar, nos autos, o efetivo cumprimento da sanção disciplinar pelo requerente.*
>
> *§ 5º Quando o pedido não estiver suficientemente instruído, o relator assinará prazo ao requerente para que complemente a documentação; não cumprida a determinação, o pedido será liminarmente arquivado.*

O pedido de reabilitação tem por objetivo demonstrar que o inscrito que tenha sido penalizado disciplinarmente se reabilite perante seus pares, retornando ao *status quo ante*, especificamente com a retirada daquela condenação de sua ficha disciplinar.

A reabilitação é medida que assegura ao inscrito o sigilo de seus registros disciplinares, não podendo mais determinada pena constar de sua FACD ou CAD, suspendendo efeitos da condenação e assegurando, caso não possua outras condenações, o exercício de cargos ou funções institucionais que prescindam da inexistência de condenação disciplinar.

Uma vez reabilitado, para todos os efeitos, aquele inscrito não possui qualquer anotação disciplinar, retornando ao status de primariedade, não podendo ser utilizada aquela penalidade para fins de reincidência ou de instrução de processo *ex officio* para a sua exclusão na forma do art. 38, I do EAOAB.

De forma a tentar conceituar a reabilitação disciplinar, nos socorremos da exposição de motivos do Código Penal, item 83, ao definir a reabilitação criminal, a saber:

> *"[...] a reabilitação não tem, apenas, o efeito de assegurar o sigilo dos registros sobre o processo e a condenação do reabilitado, mas consiste, também, em declaração judicial de que o condenado cumpriu a pena imposta ou esta foi extinta, e de que, durante dois anos após o cumprimento ou extinção da pena, teve bem comportamento e ressarciu dano causado, ou não o fez porque não podia fazê-lo. Tal declaração judicial reabilita o condenado, significando que ele está em plenas condições de voltar ao convívio da sociedade, sem nenhuma restrição ao exercício de seus direitos."*

Nesta linha de raciocínio, podemos conceituar a reabilitação disciplinar como a declaração institucional de que o sancionado cumpriu a pena disciplinar imposta e que, durante um ano após o cumprimento, manteve comportamento idôneo.

5.1 Requisitos e Procedimento

Ultrapassada a conceituação do instituto da reabilitação disciplinar, analisaremos os requisitos para sua admissibilidade e, consequentemente, sua procedência, deixando a questão controversa para o tópico seguinte.

O primeiro aspecto a ser analisado repousa na competência de processamento e julgamento do pedido de reabilitação. Diferente do processo de revisão, cuja competência é do órgão que emanou a decisão condenatória final, os pedidos de revisão são de competência exclusiva do Conselho Seccional que aplicou a sanção disciplinar, salvo se a competência originária for do Conselho Federal, ocasião em que perante aquele tramitará o pedido de reabilitação[73].

[73] Art. 69, §1º do CED.

Outro ponto relevante é que o art. 69 do CED vincula o pedido de reabilitação ao prazo e condições previstas no art. 41 da Lei 8.906/94. Assim, o primeiro requisito objetivo para a reabilitação é o decurso do prazo de 1 (um) ano do cumprimento da pena imposta. Não é contabilizado o prazo a partir da data do trânsito em julgado ou da imposição da pena, mas sim começa a fluir o prazo de um ano a contar do cumprimento da pena, ou seja, com a sua extinção.

O segundo requisito objetivo trazido pelo art. 41 do EAOAB consiste na obrigatoriedade de comprovação efetiva de bom comportamento. Embora o requisito seja objetivo, seu cumprimento acaba por se revestir de caráter totalmente subjetivo, levando os julgadores do sistema OAB a tratar de forma objetiva as chamadas "provas efetivas de bom comportamento", entendendo-as como a necessidade de juntada de certidões de antecedentes criminais e dos distribuidores.

Há ainda, a necessidade de comprovação da reabilitação criminal quando a sanção disciplinar resultar da prática de crime, conforme se observa no art. 41, par. único do EAOAB.

Mas não são apenas as certidões dos distribuidores cíveis e criminais e a ficha de antecedentes criminais que demonstram o chamado bom comportamento. Deverá o requerente apresentar, ainda, certidão disciplinar que demonstre a inexistência de processo disciplinar inaugurado após a condenação que pretende se reabilitar ou, ainda, a inexistência de condenação disciplinar por fato praticado após o trânsito em julgado da decisão que pretende reabilitação.

Nesta toada, a existência de processos disciplinares anteriores àquela condenação que se pretende reabilitação não pode servir de fundamento para a negativa da reabilitação, mas tão somente nos casos em que o reabilitando tenha contra si representações ou condenações posteriores, o que afastará a obrigatória demonstração de bom comportamento.

Outro ponto importante é que o Código de Ética e Disciplina é mais preciso ao definir as provas de bom comportamento. Observa-se que o art. 69, §4º do CED determina que o pedido de reabilitação deve ser instruído com provas de bom comportamento no exercício da advocacia e na vida social, além da certificação pela secretaria do Conselho do efetivo cumprimento da sanção disciplinar pelo requerente.

Assim, as provas de bom comportamento devem incluir tanto a vida profissional, como afirmado anteriormente, que pode se fazer presente com a certidão de antecedentes disciplinares (CAD) e a ficha cadastral e disciplinar (FACD) e declarações firmadas por outros advogados, quanto também na vida social, estas representadas por certidões cíveis e criminais, antecedentes criminais, declarações firmadas por não advogados que convivam socialmente com o requerente.

Nesta toada, sendo a documentação que deve instruir o pedido de reabilitação essencial para seu deferimento, caso não esteja suficientemente instruído, deverá o relator conceder prazo ao requerente para que complemente a documentação, sob pena de arquivamento liminar do pedido.

Observe-se que na forma do art. 69, §5º do CED, a providência de concessão de prazo ao requerente para complementação da documentação não é uma faculdade do relator, mas, sim, um dever, visto encontrar-se o verbo no imperativo, ou seja, "*o relator <u>assinará</u> prazo*".

Assim, são requisitos para a reabilitação:

a) Decurso do prazo de 1 (um) ano do cumprimento ou da extinção da sanção imposta;
b) Provas efetivas de bom comportamento no exercício da advocacia e na vida social.

Nos demais aspectos, o processo de reabilitação é mais simples que os demais processos no sistema OAB, considerando que se trata de uma relação exclusiva entre o requerente e a Ordem dos Advogados do Brasil, não sendo trazido ao processo de reabilitação do representante originário do processo disciplinar que ensejou a sanção imposta.

O processo de reabilitação terá autuação própria e deverá ser apensado ao processo disciplinar que ensejou a pena a ser reabilitada, sendo necessário um pedido de reabilitação para cada sanção aplicada, não sendo cabível um único pedido de reabilitação relativo a mais de uma condenação distinta.

Em conclusão, no Livro I – Fase de Conhecimento, abordamos uma temática no tópico denominado Sanções Disciplinares, em que apresentamos a existência de um debate acerca da chamada reabilitação de ofício, ou seja, aquela que se opera pelo simples decurso do tempo.

Não pretendemos aqui copiar *ipsis litteris* tudo aquilo que já discutido na obra anterior, mas não poderíamos deixar de fazer, ainda que brevemente, menção a tão importante debate que vem, desde o lançamento da última edição daquela obra e, muito provavelmente até o lançamento desta, se alterando diariamente, a cada nova jurisprudência.

Cada vez mais nos deparamos com uma grande aceitação por parte de Conselheiros Federais e Seccionais, além de membros dos Tribunais de Ética e Disciplina, da tese que chamamos de reabilitação de ofício, ou seja, aquela que ocorre sem pedido, sem cumprimento dos requisitos legais e sem qualquer análise da existência, ou não, de bom comportamento na vida profissional e social.

Embora se observe este movimento inovador nos processos de exclusão fundados no art. 38, I do EAOAB e nos momentos de dosimetria da pena nos processos disciplinar, em nada sendo influente nos processos de reabilitação, é importante trazermos uma reflexão.

Como observado, o pedido de reabilitação traz consigo requisitos objetivos que devem ser cumpridos pelo requerente para que tenha uma declaração formal de reabilitação e, assim, a retirada daquela punição aplicada de sua ficha disciplinar que, consequentemente, não será objeto de análise em caso de processo de exclusão ou majoração de pena por reincidência.

Entretanto, a tese da chamada reabilitação de ofício sequer permite a análise dos requisitos objetivos a que o inscrito que inaugura processo de reabilitação é obrigado a cumprir, uma vez que se limita a simples e singela análise do decurso do prazo de 5 (cinco) anos desde o cumprimento da pena.

5.2 Recurso contra decisão no Processo de Reabilitação

Da decisão final no processo de reabilitação, proferida pelo Pleno do Conselho Seccional só caberá recurso ao Conselho Federal na forma do art. 75 do EAOAB, devendo observar o recorrente se a decisão foi unânime ou majoritária. Neste aspecto, fazemos referência ao tópico que trata dos recursos ao Conselho Federal nesta obra.

Entretanto, existe a possibilidade de oposição de Embargos de Declaração, caso a decisão colegiada tenha omissão, contradição ou obscuridade, como delimitado no tópico próprio, bem como, daquela decisão que determinar o arquivamento liminar na forma do art. 69, §5°, parte final, do CED caberá recurso voluntário ao Órgão julgador.

6. Estrutura das peças recursais e processos específicos

Sem qualquer pretensão, apresentamos alguns modelos com a estrutura base das peças recursais, apenas para servirem de auxílio na elaboração individualizada dos recursos a serem manejados nos processos disciplinares, sem que isto represente modelo oficial ou *script* a ser seguido.

6.1 Estrutura dos Embargos de Declaração

DIRECIONAMENTO:

Observe que os Embargos de Declaração são dirigidos ao relator que prolatou a decisão combatida.

INDICAÇÃO DAS PARTES EMBARGANTE E EMBARGADA:

Neste momento processual, todas as partes já se encontram devidamente qualificadas, bastando apenas a indicação do nome completo do Embargante e Embargado, além de indicar se o recorrente encontra-se em causa própria ou representado por patrono constituído.

NOMEAÇÃO E FUNDAMENTAÇÃO DO RECURSO:

É necessário que o Embargante nomeie corretamente seu recurso, como EMBARGOS DE DECLARAÇÃO, evitando, assim, que possa vir a ser recebido como Recurso Ordinário, Embargos Infringentes ou outro recurso cabível, além de incluir a importante indicação legal de seu cabimento, como o art. 138 do RGEAOAB e aquele dispositivo legal de cada Regimento Interno local.

PRELIMINAR DE TEMPESTIVIDADE:

É importante destacar a tempestividade dos Embargos de Declaração, indicando a data da publicação do Acórdão, ou a data da juntada do AR que deu ciência ao Embargante da decisão. Lembrando que um é excludente do outro. Caso exista publicação no DEAOAB e notificação por correspondência, o prazo para interposição do recurso será aquele que primeiro se fizer presente.

RAZÕES DO RECURSO:

Importante que, na narrativa recursal, o Embargante demonstre, objetivamente, qual a omissão, contradição ou obscuridade existente na decisão combativa, sob pena de inadmissibilidade dos aclaratórios.

Não é demais destacar que os Embargos de Declaração não se prestam a discutir o mérito da representação ou da decisão combatida, devendo se limitar aos requisitos de seu cabimento.

DA CONCLUSÃO:

É de bom alvitre que se dê um desfecho conclusivo aos Embargos de Declaração, indicando expressamente o requerimento de acolhimento e provimento destes, destacando a [omissão, contradição ou obscuridade] que deseja ver sanada e, se for o caso, incluir requerimento de concessão de efeitos infringentes.

Importante, ainda, datar e assinar o documento, seja o próprio Representante (caso não se encontre representado por advogado) ou seu advogado, com informação de seu número de inscrição.

6.2 Estrutura dos Embargos Infringentes

DIRECIONAMENTO:

Observe que os Embargos Infringentes, embora protocolados nos próprios autos do processo disciplinar, são dirigidos ao órgão imediatamente superior à Turma Julgadora. Importante observar, neste momento, cada Regimento Interno, de forma a permitir o direcionamento correto, seja ao Tribunal Pleno do TED, à Câmara de Julgamento, ao Conselho Pleno, ou outro órgão existente naquela Seccional.

INDICAÇÃO DAS PARTES RECORRENTE E RECORRIDA:

Neste momento processual, todas as partes já se encontram devidamente qualificadas, bastando apenas a indicação do nome completo do recorrente e do recorrido, além de indicar se o recorrente se encontra em causa própria ou representado por patrono constituído.

NOMEAÇÃO E FUNDAMENTAÇÃO DO RECURSO:

É necessário que o recorrente nomeie corretamente seu recurso, como EMBARGOS INFRINGENTES, de forma a indicar facilmente ao funcionário para qual órgão será encaminhado o recurso, evitando, assim, que possa ocorrer demora no recebimento do recurso. Importante incluir, também, a indicação legal quanto ao cabimento do recurso com base no Regimento Interno local.

PRELIMINAR DE TEMPESTIVIDADE:

É importante destacar a tempestividade dos Embargos Infringentes, indicando a data da publicação do Acórdão, ou a data da juntada do AR que deu ciência ao Recorrente da decisão. Lembrando que um é excludente do outro. Caso exista publicação no DEAOAB e notificação por correspondência, o prazo para interposição do recurso será aquele que primeiro se fizer presente.

RAZÕES DO RECURSO:

Aqui, existem duas correntes, como narrado no livro. Baseando-se na corrente que defende o recebimento de qualquer recurso no efeito devolutivo, as razões recursais poderão revolver todo o mérito processual, inclusive pretendendo a prolação de uma decisão diferente daquelas que foram emanadas nos órgãos julgadores *a quo*, sendo possível a discussão de toda a matéria.

Neste diapasão é recomendado que se discuta todos os pontos da representação que poderão fundamentar o pedido recursal, seja para manutenção de eventual decisão vencida, seja com requerimento de nova decisão pela instância *ad quem*, como por exemplo, a improcedência do processo disciplinar.

A segunda corrente defende que os Embargos Infringentes se limitam à divergência dos votos proferidos na instância *a quo*, não sendo possível o revolvimento do mérito ou a prolação de decisão diferente daquelas proferidas pelo órgão julgador recorrido.

Assim, com base nesta corrente, as razões recursais deverão se limitar aos votos lançados, indicando os pontos do voto que se pretende ver vencedor, requerendo, ao final, que seja aquele voto prevalente sobre os demais.

DA CONCLUSÃO:

É de bom alvitre que se dê um desfecho conclusivo ao recurso, indicando expressamente o requerimento de recebimento e provimento destes, apresentando requerimento de prevalência de um dos votos proferidos, ou até mesmo a prolação de um novo voto.

Importante, ainda, datar e assinar o documento, seja o próprio Representante (caso não se encontre representado por advogado) ou seu advogado, com informação de seu número de inscrição.

6.3 Estrutura do Recurso Ordinário

DIRECIONAMENTO:

Nos termos do artigo 138 do RGEAOAB o recurso ordinário deverá ser dirigido ao órgão julgador superior competente, embora interposto perante a autoridade ou órgão que proferiu a decisão recorrida.

Assim, em se tratando de recurso que pretende reformar decisão de uma das Turmas do TED, deverá ser indicado como órgão competente o Conselho Seccional (Pleno ou Órgão Especial, a depender da seccional).

INDICAÇÃO DAS PARTES RECORRENTE E RECORRIDA:

Neste momento processual, todas as partes já se encontram devidamente qualificadas, bastando apenas a indicação do nome completo das partes Recorrente e Recorrida, além de indicar se o recorrente se encontra em causa própria ou representado por patrono constituído.

NOMEAÇÃO E FUNDAMENTAÇÃO DO RECURSO:

É necessário que o Recorrente nomeie corretamente seu recurso, como RECURSO ORDINÁRIO, além de incluir a indicação legal de seu cabimento, art. 76 do EAOAB c/c art. 144 do RGEAOAB, cumulando com o dispositivo legal de cada Regimento Interno local.

A parte Recorrente deve igualmente ficar atenta que, em determinadas seccionais, como explicado no tópico próprio, o Recurso Ordinário recebe outra nomenclatura como, por exemplo, Alagoas[74] que se limita a chamá-lo de "recurso".

PRELIMINAR DE TEMPESTIVIDADE:

O prazo para interposição é de quinze dias úteis, contado do primeiro dia útil seguinte, seja da publicação da decisão no Diário Eletrônico da OAB, seja da data juntada aos autos do respectivo aviso de recebimento,

---

74 Art. 73, II e III, do RITED/AL.

anotada pela secretaria do órgão da OAB[75], prevalecendo aquele que ocorrer primeiro.

RAZÕES DO RECURSO:

Importante que, na narrativa recursal, a parte Recorrente demonstre tudo aquilo que pretende ver reformado. Lembrando que o recurso está sujeito ao efeito devolutivo, devolvendo ao órgão *ad quem* tudo aquilo que foi suscitado pelas partes no processo, no entanto, a extensão da reforma estará limitada ao pedido recursal.

Além disso, a parte recorrente no Recurso Ordinário, assim como o recorrido em suas contrarrazões, poderá impugnar todas as decisões interlocutórias proferidas na instância ordinária.

Como explicado no Livro I – Fase de Conhecimento, no processo ético-disciplinar se aplicam subsidiariamente as normas do Processo Penal, no entanto, o RGEAOAB acabou por incorporar do Processo Civil o Princípio da Não Surpresa, conforme se verifica no artigo 144-B do RGEAOAB.

Assim, não poderão ser suscitadas novas questões fáticas, bem como é vedado ao julgador decidir com base em fundamento do qual não se tenha dado às partes a oportunidade de se manifestar anteriormente, ainda que se trate de matéria sobre a qual possa ser decidida de ofício.

---

75 Art. 139 do RGEAOAB.

Em termos práticos, é interessante fazer um resumo da lide, com indicação das folhas e decisões relevantes ao caso, mas, observe, deverá ser feito um 'breve resumo' para atrair a atenção da relatoria ao caso concreto, sem que se estenda a questões irrelevantes.

Dito isto, deverá a parte recorrente trazer na peça todas as questões que pretende ver reformada, atacando fundamentadamente os tópicos que são objetos de discussão.

Ao final de sua fundamentação, a parte deverá trazer um raciocínio conclusivo, indicando os motivos determinantes de sua fundamentação que remetam à necessidade de reforma.

DA CONCLUSÃO:

Ao final, é de bom alvitre que se abra um tópico próprio de "conclusão" que, em outra ótica, representará objetivamente o pedido do recurso naquilo que pretende ver reformado. Lembrando que a reforma do julgado ficará adstrito à extensão do pedido.

Além disso, na hipótese de ser levantada questões preliminares, visando atacar decisões interlocutórias, deverá, igualmente, ser lançado pedido próprio a ser analisado antes do mérito recursal.

A parte recorrente deverá também, por cautela, consignar o interesse em realizar sustentação oral de suas razões.

DICA: Por fim, considerando a "colcha de retalhos" existente no sistema recursal da OAB, no que concerne à nomenclatura dos recursos, é interessante que a parte recorrente avoque o Princípio da Fungibilidade Recursal a fim de permitir o recebimento do seu recurso, pois pode ocorrer a hipótese de, eventualmente, ser denominado de forma equivocada pela parte recorrente ou ainda ocorrer de a relatoria entender ser outra a espécie recursal.

6.4 Estrutura do Recurso Ordinário - Conselho Federal

DIRECIONAMENTO:

Nos termos do artigo 138 do RGEAOAB, o recurso deverá ser dirigido ao Órgão Julgador superior competente, embora interposto perante a autoridade ou órgão que proferiu a decisão recorrida.

Assim, em se tratando de recurso que pretende reformar decisão do Conselho Seccional, deverá ser dirigido à Segunda Câmara do Conselho Federal, nos termos do artigo 89, I do RGEAOAB.

INDICAÇÃO DAS PARTES RECORRENTE E RECORRIDA:

Neste momento processual, todas as partes já se encontram devidamente qualificadas, bastando apenas a indicação do nome completo das partes Recorrente e Recorrida, além de indicar se o recorrente se encontra em causa própria ou representado por patrono constituído.

NOMEAÇÃO E FUNDAMENTAÇÃO DO RECURSO:

É necessário que o Recorrente nomeie corretamente seu recurso, como RECURSO ORDINÁRIO AO CONSE-

LHO FEDERAL, além de incluir a indicação legal de seu cabimento (art. 75 do EAOAB), cumulando com o dispositivo legal de cada Regimento Interno local.

A parte Recorrente deve, igualmente, ficar atenta que em determinadas Seccionais, como explicado no tópico próprio, o Recurso Ordinário ao Conselho Federal recebe outra nomenclatura como, por exemplo, São Paulo sob o nome de "Recurso Voluntário", conforme se observa no art. 162 do RIOAB/SP.

PRELIMINAR DE TEMPESTIVIDADE:

O prazo para interposição é de quinze dias úteis, contado do primeiro dia útil seguinte, seja da publicação da decisão no Diário Eletrônico da OAB, seja da data juntada aos autos do respectivo aviso de recebimento, anotada pela secretaria do órgão da OAB[76], prevalecendo aquele que ocorrer primeiro.

RAZÕES DO RECURSO:

Importantíssima ressalva existe quanto ao recurso a ser submetido ao Conselho Federal, pois é requisito de admissibilidade, ou seja, obrigatório, que a questão a ser enfrentada seja definitiva e contrarie o EAOAB, RGEAOAB, o CED, Provimentos ou decisões do próprio Conselho Federal ou de outro Conselho Seccional.

Portanto, não se trata de apenas mais uma via recursal destinada ao reexame de questões fáticas e probatórias já analisadas pelas instâncias ordinárias da OAB, mas, sim, de uma via extraordinária, restrita às ques-

76 Art. 139 do RGEAOAB.

tões de direito, salvo a hipótese de exclusão anterior à Súmula nº 08/2019/COP, em que a competência originária para instruir e julgar era do Conselho Seccional, conforme explicado em item próprio.

Obrigatoriamente, deverá ser demonstrada a contrariedade do Acórdão recorrido em relação à Lei nº 8.906/94, ao Regulamento Geral, ao Código de Ética e Disciplina e aos Provimentos, assim como, se for o caso, a demonstração de divergência jurisprudencial entre a decisão recorrida e precedente do Conselho Federal ou de outro Conselho Seccional, devendo ainda ser comprovada a divergência jurisprudencial, bem como mencionar as circunstâncias que identifique ou assemelhe os casos confrontados.

Em termos práticos, assim como ocorre no recurso ordinário dirigido ao Conselho Seccional, é interessante fazer um resumo da lide, com indicação das folhas e decisões relevantes ao caso. Mas, observe, deverá ser feito um "breve resumo" para atrair a atenção da relatoria ao caso concreto, sem que se estenda em questões irrelevantes.

Ao final de sua fundamentação, a parte deverá trazer um raciocínio conclusivo indicando as violações legais pertinentes ao caso, com os motivos determinantes de sua fundamentação que remetam à necessidade de reforma do julgado.

DA CONCLUSÃO:

Ao final, é de bom alvitre que se abra um tópico próprio de "conclusão" que, em outra ótica, representará objetivamente o pedido do recurso naquilo que pretende ver reformado. Lembrando que a reforma do julgado dependerá da demonstração dos requisitos do art. 75 do EAOAB ficando adstrito à extensão do pedido.

Além disso, na hipótese de serem levantadas questões preliminares, visando atacar decisões interlocutórias, deverá, igualmente, ser lançado pedido próprio a ser analisado antes do mérito recursal.

A parte recorrente deverá também, por cautela, consignar o interesse em realizar sustentação oral de suas razões[77].

DICA: Por fim, considerando a 'colcha de retalhos' existente no sistema recursal da OAB, no que concerne à nomenclatura dos recursos, é interessante que a parte recorrente avoque o Princípio da Fungibilidade Recursal a fim de permitir o recebimento do seu recurso, pois pode ocorrer a hipótese de, eventualmente, ser denominado de forma equivocada pela parte recorrente ou ainda ocorrer de a relatoria entender ser outra a espécie recursal.

Não esquecer de datar e assinar.

6.5 Estrutura dos Recursos Voluntário ou Inominado

DIRECIONAMENTO:

Em conformidade com a Súmula nº 10/2018/OEP, a competência para relatar o recurso previsto no parágrafo único do art. 140 do RGEAOAB será do próprio

[77] Art. 94, II do RGEAOAB.

relator que proferiu o despacho indicando ao Presidente do Órgão o indeferimento liminar, bem como será julgado pela própria instância que prolatou a decisão denegando segmento ao recurso.

Em se tratando de Recurso Voluntário visando atacar decisão acerca dos conflitos de competência entre Subseções e entre estas e o Conselho Seccional, na forma do art. 119 do RGEAOAB, o direcionamento deverá ser feito ao Órgão Especial do Conselho Federal.

INDICAÇÃO DAS PARTES RECORRENTE E RECORRIDA:

Neste momento processual, todas as partes já se encontram devidamente qualificadas, bastando apenas a indicação do nome completo das partes Recorrente e Recorrida, além de indicar se o recorrente se encontra em causa própria ou representado por patrono constituído.

NOMEAÇÃO E FUNDAMENTAÇÃO DO RECURSO:

É necessário que o Recorrente nomeie corretamente seu recurso, como RECURSO VOLUNTÁRIO, além de incluir a indicação legal de seu cabimento, art. 119 ou 140, parágrafo único, ambos do RGEAOAB.

A parte Recorrente deve, igualmente, ficar atenta ao fato de que determinadas seccionais, como explicado no tópico próprio, por exemplo, a Seccional de São Paulo, adota a nomenclatura de "recurso voluntário" para todas as hipóteses previstas no artigo 75 do EAOAB, quando se tratar de recurso a ser dirigido ao Conselho Federal, conforme se observa no art. 162 do RIOAB/SP.

PRELIMINAR DE TEMPESTIVIDADE:

O prazo para interposição é de quinze dias úteis, contado do primeiro dia útil seguinte, seja da publicação da decisão no Diário Eletrônico da OAB, seja da data juntada aos autos do respectivo aviso de recebimento, anotada pela secretaria do órgão da OAB[78], prevalecendo aquele que ocorrer primeiro.

RAZÕES DO RECURSO:

Em se tratando de recurso com fundamento no artigo 140, parágrafo único do RGEAOAB, o recorrente não poderá repetir os fundamentos já apresentados, sob pena de não conhecimento, em razão de falta de fundamentação específica. Deve, portanto, impugnar especificamente a decisão recorrida que denegou seguimento ao seu recurso.

É comum na jurisprudência[79] o não conhecimento deste recurso, justamente por falta de dialeticidade recursal, em razão da parte recorrente apenas se limitar

[78] Art. 139 do RGEOAB.

[79] Recurso nº 19.0000.2022.000044-9/SCA-TTU. Recorrente: C.F. (Advogado: Celso Ferreira OAB/RJ 241). Recorrido: Espólio de M.A.A. Representante legal: A.L.A. (Advogados: João Augusto Miranda OAB/MG 25.714, Sofia Miranda Rabelo OAB/MG 76.668 e outra). Interessado: Conselho Seccional da OAB/Rio de Janeiro. Relatora: Conselheira Federal Cristiane Damasceno Leite (DF). EMENTA N. 124/2023/SCA-TTU. Recurso voluntário. Decisão monocrática de indeferimento liminar de recurso ao Conselho Federal da OAB, por ausência dos requisitos de admissibilidade do artigo 75 do Estatuto da Advocacia e da OAB. **Recurso voluntário que não atende à dialeticidade recursal, se limitando às razões recursais a reiterar e ratificar as manifestações anteriores. Ausência de impugnação dialética dos fundamentos da decisão da qual se recorre. Recurso não conhecido.** Acórdão: Vistos, relatados e discutidos os autos do processo em referência, acordam os membros da Terceira Turma da Segunda Câmara do Conselho Federal da Ordem dos Advogados do Brasil, observado o *quorum* exigido no art. 92 do Regulamento Geral, por unanimidade, em não conhecer do recurso, nos termos do voto da Relatora. Brasília, 24 de outubro de 2023. Milena da Gama Fernandes Canto, Presidente. Cristiane Damasceno Leite, Relatora. (DEOAB, a. 5, nº 1226, 10.11.2023, p. 60).

em repetir as razões anteriores. Portanto, deverá o recorrente trazer fundamento específico àquela decisão combatida.

Ao final de sua fundamentação, a parte deverá trazer um raciocínio conclusivo indicando os fundamentos que levam a reforma da decisão que inadmitiu o seu recurso.

DA CONCLUSÃO:

Ao final, é de bom alvitre que se abra um tópico próprio de "conclusão" que, em outra ótica, representará objetivamente o pedido do recurso naquilo que pretende ver reformado.

A parte recorrente deverá também, por cautela, consignar o interesse em realizar sustentação oral de suas razões[80].

DICA: Por fim, considerando a "colcha de retalhos" existente no sistema recursal da OAB, no que concerne à nomenclatura dos recursos, é interessante que a parte recorrente avoque o Princípio da Fungibilidade Recursal, a fim de permitir o recebimento do seu recurso, pois pode ocorrer a hipótese de, eventualmente, ser denominado de forma equivocada pela parte recorrente ou ainda ocorrer de a relatoria entender ser outra a espécie recursal.

80 Art. 94, II do RGEAOAB.

6.6 Estrutura dos Embargos de Divergência

DIRECIONAMENTO:

Nos termos do artigo 138 do RGEAOAB, o recurso deverá ser dirigido ao Órgão Julgador superior competente, embora interposto perante a autoridade ou órgão que proferiu a decisão recorrida.

Deverá a parte recorrente atentar, conforme explicado no tópico próprio, que somente será cabível essa espécie recursal naquelas Seccionais que previrem a hipótese em seus regimentos como, por exemplo, na Seccional do Rio de Janeiro, na forma do artigo 201, V c/c 206 do RIOAB/RJ.

INDICAÇÃO DAS PARTES RECORRENTE E RECORRIDA:

Neste momento processual, todas as partes já se encontram devidamente qualificadas, bastando apenas a indicação do nome completo das partes Recorrente e Recorrida, além de indicar se o recorrente se encontra em causa própria ou representado por patrono constituído.

NOMEAÇÃO E FUNDAMENTAÇÃO DO RECURSO:

É necessário que o Recorrente nomeie corretamente seu recurso, como EMBARGOS DE DIVERGÊNCIA, além de incluir a indicação legal de seu cabimento conforme Regimento Interno local (especificado no tópico próprio).

A parte Recorrente deve, igualmente, ficar atenta que este recurso é restrito apenas àquelas Seccionais que prevejam seu cabimento. Especificamente no caso de Sergipe, o recurso recebe o nome de Embargos Regimentares, conforme se observa no art. 45 do RIOAB/SE.

PRELIMINAR DE TEMPESTIVIDADE:

O prazo para interposição é de quinze dias úteis, contado do primeiro dia útil seguinte, seja da publicação da decisão no Diário Eletrônico da OAB, seja da data juntada aos autos do respectivo aviso de recebimento, anotada pela secretaria do órgão da OAB[81], prevalecendo aquele que ocorrer primeiro.

RAZÕES DO RECURSO:

Os Embargos de Divergência visam uniformizar a jurisprudência no âmbito da própria Corte. Assim, é imprescindível que a parte recorrente comprove a existência de julgados com identidade de fato e decisão diversa.

Importante ainda que a parte recorrente demonstre a atualidade da dissidência, bem como demonstre cabalmente a divergência, não bastando a mera transcrição de ementas.

Ao final de sua fundamentação, a parte deverá trazer um raciocínio conclusivo indicando a divergência entre o teor do Acórdão recorrido e outros julgados dos Órgãos do mesmo Tribunal.

---

[81] Art. 139 do RGEOAB.

DA CONCLUSÃO:

Ao final, é de bom alvitre que se abra um tópico próprio de "conclusão" que, em outra ótica, representará objetivamente o pedido do recurso naquilo que pretende ver reformado, ou seja, deverá requerer que seja a decisão reformada para se aplicar o mesmo entendimento estampado nos julgados paradigmas.

A parte recorrente deverá também, por cautela, consignar o interesse em realizar sustentação oral de suas razões[82].

DICA: Por fim, considerando a "colcha de retalhos" existente no sistema recursal da OAB, no que concerne à nomenclatura dos recursos, é interessante que a parte recorrente avoque o Princípio da Fungibilidade Recursal a fim de permitir o recebimento do seu recurso, pois pode ocorrer a hipótese de, eventualmente, ser denominado de forma equivocada pela parte recorrente ou ainda ocorrer de a relatoria entender ser outra a espécie recursal.

Não esquecer de datar e assinar.

6.7 Estrutura da petição inicial do processo de revisão

DIRECIONAMENTO:

Nos termos do artigo 68, §2º do CED, a competência para processar e julgar o pedido de revisão é do Órgão que emanou a condenação final. Assim, deverá o requerente observar qual foi o último órgão a proferir

[82] Art. 94, II do RGEAOAB.

decisão no processo disciplinar que pretenda ver revisado para, então, direcionar corretamente o pedido.

INDICAÇÃO DA PARTE REQUERENTE, REQUERIDA E DO PROCESSO DE ORIGEM:

É imprescindível qualificar o requerente e o requerido, considerando tratar-se de processo de conhecimento, bem como indicar qual o processo em que se originou a decisão condenatória que pretende ver revista, de forma a permitir o apensamento àqueles autos.

A indicação da parte requerida é importante, considerando a possibilidade/necessidade de chamamento desta a se manifestar acerca do pedido formulado.

NOMEAÇÃO DA PEÇA:

Poderá o requerente nomear a peça como PEDIDO DE REVISÃO, sem deixar de indicar o processo que originou a condenação disciplinar.

PRELIMINAR DE CUMPRIMENTO DOS REQUISITOS:

É requisito objetivo para o pedido de revisão o trânsito em julgado da decisão condenatória, bem como que esta tenha ocorrido por erro de julgamento ou baseada em falsa prova. Portanto, importante indicar a data em que a decisão condenatória transitou em julgado, bem como qual o fundamento do pedido de revisão que será debatido nas razões do pedido.

RAZÕES DO PEDIDO:

Importante que, na narrativa do pedido de revisão, o requerente se limite a demonstrar a ocorrência de, ao menos um, dos requisitos autorizadores para a revisão pretendida, seja erro de julgamento, seja condenação baseada em falsa prova.

A distinção e estudo de cada uma das causas autorizadoras encontram-se no Livro I – Fase de Conhecimento, que poderão auxiliar o requerente em sua fundamentação.

DAS PROVAS:

Importante apresentar as provas, desde o início, que possam corroborar com a fundamentação do pedido, especificamente quando o pedido de revisão tiver por fundamento a condenação baseada em falsa prova, podendo/devendo apresentar eventual laudo pericial ou decisão judicial que comprove a falsidade da prova.

DA CONCLUSÃO:

Ao final, o pedido deverá indicar expressamente de processo deseja a revisão, bem como o que pretende com o pedido, se a improcedência do processo disciplinar de origem, a alteração do enquadramento legal, a redução da pena imposta etc.

Não esquecer de assinar e datar a petição.

6.8 Estrutura da petição inicial do processo de reabilitação

DIRECIONAMENTO:

Nos termos do artigo 69, §1º do CED, a competência para processar e julgar o pedido de reabilitação é do Conselho Seccional em que tenha sido aplicada a sanção disciplinar. Desta forma, poderá direcionar o pedido ao Presidente daquele Conselho ou, analisando-se o regimento interno de cada Conselho, direcionar ao órgão fracionário do Conselho que detenha a competência para análise do pedido de reabilitação.

INDICAÇÃO DA PARTE REQUERENTE E DO PROCESSO DE ORIGEM:

É imprescindível qualificar o requerente completamente, bem como indicar qual o processo em que se originou a sanção disciplinar que deseja ver-se reabilitado, de forma a permitir o apensamento àqueles autos.

NOMEAÇÃO DA PEÇA:

Poderá o requerente nomear a peça como PEDIDO DE REABILITAÇÃO, sem deixar de indicar o processo que originou a condenação disciplinar.

RAZÕES DO PEDIDO:

Importante que, na narrativa do pedido de reabilitação, o requerente indique a data em que restou cumprida, ou extinta, a pena que pretende ver-se reabilitado, indicando o decurso do período depurador de

1 (um) ano, além de demonstrar seu bom comportamento no exercício da advocacia e em sua vida social.

DAS PROVAS:

Imprescindível fazer menção às provas que são juntadas com o pedido, em cumprimento ao que determina o art. 41 do EAOAB c/c art. 69 do CED, especialmente quanto às certidões juntadas e declarações firmadas por advogados e pessoas do convívio social do requerente.

DA CONCLUSÃO:

Ao final, o pedido deverá indicar expressamente de qual processo cuja sanção disciplinar lhe foi imposta requer seja reabilitado, pretendendo a procedência do pedido para reabilitar o requerente, com a exclusão da penalidade de sua ficha disciplinar.

Não esquecer de assinar e datar a petição.

7. Jurisprudência

Apresentamos, adiante, algumas jurisprudências do Conselho Federal acerca de temas relevantes apresentados nesta obra, e que poderão auxiliar o leitor na melhor compreensão das questões controvertidas, além de permitir eventual fundamentação de peça processual.

Algumas Seccionais do país possuem em seus sites links para seus julgados, que representam verdadeiro material de apoio aos que se encontram litigando em processos disciplinares, sendo relevante e prudente que se faça uma prévia consulta a cada Seccional, permitindo uma compreensão do entendimento daquele Tribunal de Ética ou Conselho acerca de determinada matéria.

7.1 Revisão

Recurso nº 49.0000.2021.010558-3/SCA-PTU. Recorrente: L.J.S.S. (Advogado: Leonardo Felippe Sarsur OAB/MG 56.557). Recorrido: Conselho Seccional da OAB/Minas Gerais. Relatora: Conselheira Federal Helcinkia Albuquerque dos Santos (AC). EMENTA Nº 127/2023/SCA-PTU. Recurso ao Conselho Federal da OAB (art. 75, EAOAB). Revisão de processo disciplinar. Art. 73, § 5º, do Estatuto da Advocacia e da OAB. Ausência de apresentação de razões finais. Matéria de ordem pública. Artigo 59, § 7º, do Código de Ética e Disciplina da OAB. Recurso provido. Prescrição da pretensão punitiva declarada, de ofício. 01) Nos termos da reiterativa jurisprudência deste Conselho Federal da OAB, as razões finais constituem fase imprescindível do processo disciplinar, que não pode ser suprimida ou mitigada, tratando-se de verdadeira garantia inquebrantável do exercício do contraditório e da ampla defesa, tendo-se por despicienda a necessidade de demonstração de prejuízo concreto à defesa, visto que considerada nulidade absoluta, não passível de preclusão e admissível a qualquer tempo. 02) Recurso provido, para deferir a revisão do Processo Disciplinar nº 2296/2014, anulando-se os atos processuais desde a decisão que recebeu o parecer preliminar do relator e determinou a remessa dos autos ao Tribunal de Ética e Disciplina da OAB, sem oportunizar ao advogado a apresentação das razões finais. E, como consequência da anulação dos atos processuais, declarar, de ofício, extinta a punibilidade pela prescrição da pretensão punitiva. Acórdão: Vistos, relatados e discutidos os autos do processo em referência, acordam os membros da Primeira Turma da Segunda Câmara do Conselho Federal da Ordem dos Advogados do Brasil, observado o *quorum* exigido no art. 92 do Regulamento Geral, por unanimidade, em dar provimento ao recurso, para deferir a revisão do Processo Disciplinar n. 2296/2014, para reconhecer a nulidade arguida e, em decorrência da anulação, declarar extinta a punibilidade pela prescrição da pretensão punitiva, nos termos do voto da Relatora. Brasília, 16 de outubro de 2023. Solange Aparecida da Silva, Presidente em exercício. Cláudia Lopes Medeiros, Relatora ad hoc. (DEOAB, a. 5, nº 1229, 16.11.2023, p. 3).

Recurso nº 25.0000.2022.000084-6/SCA-PTU. Recorrente: M.F.M. (Advogado: João Carlos Navarro de Almeida Prado OAB/SP 203.670). Recorrido: Conselho Seccional da OAB/São Paulo. Relatora: Conselheira Federal Cláudia Lopes Medeiros (AL). EMENTA Nº 132/2023/SCA-PTU. Recurso ao Conselho Federal da OAB. Artigo 75, caput, do Estatuto da Advocacia e da OAB. Acórdão unânime do Conselho Seccional da OAB/São Paulo. Revisão de processo disciplinar. Artigo 73, § 5º, do Estatuto da Advocacia e da OAB. *Quorum* de instalação de sessão de órgão julgador da OAB. Conselho Seccional. Incidência da norma do artigo 108, § 3º, do Regulamento Geral do EAOAB. Demonstração de que não restou observado o *quorum*. Nulidade observada. Anulação dos atos processuais ocorridos desde o julgamento pelo Tribunal de Ética e Disciplina ocorrido em 2015, o que atrai a declaração da prescrição da pretensão punitiva. Erro de julgamento. Demonstração. Advogada condenada por exercer a profissão enquanto suspensa (art. 34, I, EAOAB). Declaração nos autos de que houve o protocolo de petição sem sua autorização, tratando-se de equívoco do estagiário, que fora arrolado como testemunha no processo revisando e restou indeferida a produção de prova oral, tratando-se de prova imprescindível à apuração dos fatos. Recurso provido. 01) De conformidade com o disposto no parágrafo 1º do artigo 108 do Regulamento Geral do Estatuto da Advocacia e da OAB, o *quorum* para instalação de sessões de julgamento nos Conselhos Seccionais da OAB é de metade dos membros de cada órgão julgador, tanto para instalação quanto para julgamento. Este Conselho Federal da OAB já decidiu que, a respeito do quórum, não subsiste autonomia aos Conselhos Seccionais para fixação de quórum diferenciado daquele previsto no Regulamento Geral do Estatuto da Advocacia e da OAB, que se constitui de norma de hierarquia superior aos Regimentos Internos dos Conselhos Seccionais. No caso dos autos, compulsando o processo em apenso, resta comprovado de que a Câmara era composta por 11 (onze) membros, mas apenas 05 (cinco) estavam presentes ao julgamento, não tendo assim havido observância ao *quorum*. Nulidade por ausência de *quorum* acolhida. Anulação desde o julgamento pelo Tribunal de Ética e Disciplina que ocorreu em 2015, com a consequente declaração da prescrição da pretensão punitiva. 02) Por outro lado, também assiste razão quanto a alegação de erro de julgamento já que no âmbito do direito administrativo sancionador, de nítido viés punitivo, incide a garantia constitucional da responsabilização pessoal, consagrada no artigo 5º, inciso XLV, da CF/88, segundo a qual nenhuma pena passará da pessoa do condenado. Ou seja, somente quem pratica um fato juridicamente ilícito é que poderá ser por ele responsabilizado disciplinarmente, tratando-se de responsabilidade pessoal. No caso, considerando que a advogada havia postulado a produção de prova testemunhal, consistente no depoimento do estagiário que subscreveu a declaração nestes autos, na qual confessa que foi orientado a não protocolar qualquer petição durante o período em que a advogada estava suspensa do exercício profissional, mas que, por equívoco seu, acabou procedendo ao protocolo, não subsiste à advogada qualquer responsabilidade por esse ato, devendo ser absolvida da condenação disciplinar, verificado nítido erro de julgamento no processo objeto da revisão. 03) Análise da alegação de bis in idem por ora prejudicada, face ao acolhimento da revisão em seu mérito. 04) Recurso a este Conselho Federal da OAB conhecido e provido, para reformar a decisão recorrida e deferir a revisão do Processo Disciplinar nº 05R0007442010 (CR 16729/2014), dando primazia a apreciação do mérito, julgando-se improcedente a representação, por erro de julgamento (art. 73, § 3º, EAOAB). Acórdão: Vistos, relatados e discutidos os autos do processo em referência, acordam os membros da Primeira Turma da Segunda Câmara do Conselho Federal da Ordem dos Advogados do Brasil, observado o *quorum* exigido no art. 92 do Regulamento Geral, por unanimidade, em dar provimento ao recurso, nos termos do voto da Relatora. Brasília, 16 de outubro de 2023. Solange Aparecida da Silva, Presidente em exercício. Cláudia Lopes Medeiros, Relatora. (DEOAB, a. 5, nº 1229, 16.11.2023, p. 5).

Recurso nº 16.0000.2022.000104-0/SCA-STU. Recorrente: P.R.A.T.J. (Advogado: Paulo Roberto de Almeida Teles Junior OAB/PR 30.977). Recorrido: Conselho Seccional da OAB/Paraná. Relator: Conselheiro Federal Marcelo Tostes de Castro Maia (MG). EMENTA Nº 146/2023/SCA-STU. Recurso ao Conselho Federal da OAB. Acórdão unânime de Conselho Seccional da OAB. Processo de exclusão de advogado dos quadros da OAB. Artigo 38, inciso I, do Estatuto da Advocacia e da OAB. Alegação de ausência de notificação dos atos processuais nos processos disciplinares que fundam o processo de exclusão. Diligência realizada para esclarecer a situação. Constatação de que o advogado restou devidamente notificado em todos os processos e tornou-se revel, sendo designado defensor dativo para patrocínio da defesa, não se verificando qualquer nulidade. Alegação de ausência de provas para as condenações anteriores. Impossibilidade de, no processo de exclusão, se reexaminar o mérito das condenações disciplinares anteriores. Precedentes. No processo de exclusão (art. 38, I, EAOAB), é vedada a análise de eventuais nulidades ou matérias relativas ao mérito das condenações disciplinares já transitadas em julgado, em razão da coisa julgada administrativa, somente sendo admissível, e nos casos previstos em lei, a revisão dos processos disciplinares pela via processual adequada (art. 73, § 5º, EAOAB). Recurso não provido. Acórdão: Vistos, relatados e discutidos os autos do processo em referência, acordam os membros da Segunda Turma da Segunda Câmara do Conselho Federal da Ordem dos Advogados do Brasil, observado o *quorum* exigido no art. 108 do Regulamento Geral, por unanimidade, em negar provimento ao recurso, nos termos do voto do Relator. Brasília, 24 de outubro de 2023. Emerson Luis Delgado Gomes, Presidente. Élida Fabrícia Oliveira Machado Franklin, Relatora ad hoc. (DEOAB, a. 5, nº 1229, 16.11.2023, p. 20).

Recurso nº 16.0000.2022.000152-9/SCA-PTU. Recorrente: I.M.S. (Advogado: Israel Massaki Sonomiya OAB/PR 28.849). Recorrido: Conselho Seccional da OAB/Paraná. Relator: Conselheiro Federal Caio Cesar Vieira Rocha (CE). EMENTA Nº 149/2023/SCA-PTU. Recurso ao Conselho Federal da OAB. Acórdão unânime de Conselho Seccional da OAB. Revisão de processo disciplinar. Ausência de notificação do procurador constituído, sobre o acórdão do Conselho Seccional. Nulidade processual absoluta. Recurso provido, por fundamento autônomo, para deferir a revisão do Processo Disciplinar nº 2225/2013 em razão da nulidade por ausência de notificação do procurador constituído e, em consequência, declarar extinta a punibilidade pela prescrição da pretensão punitiva. Acórdão: Vistos, relatados e discutidos os autos do processo em referência, acordam os membros da Primeira Turma da Segunda Câmara do Conselho Federal da

Ordem dos Advogados do Brasil, observado o *quorum* exigido no art. 92 do Regulamento Geral, por unanimidade, em dar provimento ao recurso, por fundamento autônomo, para deferir a revisão do Processo Disciplinar nº 2225/2013, em razão da nulidade por ausência de notificação do procurador constituído e, em consequência, declarar extinta a punibilidade pela prescrição da pretensão punitiva, nos termos do voto do Relator. Brasília, 24 de outubro de 2023. Renato da Costa Figueira, Presidente em exercício. Katianne Wirna Rodrigues Cruz Aragão, Relatora ad hoc. (DEOAB, a. 5, nº 1229, 16.11.2023, p. 13).

Recurso nº 49.0000.2022.002504-3/SCA-PTU. Recorrente: F.D.G. (Advogada: Adriana Katarina Alves Gaiofato OAB/SP 308.753). Recorrido: Conselho Seccional da OAB/São Paulo. Relator: Conselheiro Federal Márcio Brotto de Barros (ES). EMENTA Nº 155/2023/SCA-PTU. Recurso ao Conselho Federal da OAB. Artigo 75, caput, do Estatuto da Advocacia e da OAB. Processo disciplinar de exclusão de advogado dos quadros da OAB. Art. 38, I, EAOAB. Três condenações disciplinares anteriores, à sanção de suspensão do exercício profissional, transitadas em julgado. Pedido de revisão. Sobrestamento do processo de exclusão. A formalização de pedido de revisão de condenação anterior não obsta o prosseguimento do processo de exclusão dos quadros da OAB instaurado na forma do artigo 38, inciso I, do Estatuto da Advocacia e da OAB, ressalvada a hipótese de concessão de provimento cautelar que suspenda os efeitos da condenação ou o deferimento da revisão da condenação, o que não se verificou dos autos. Recurso improvido. Acórdão: Vistos, relatados e discutidos os autos do processo em referência, acordam os membros da Primeira Turma da Segunda Câmara do Conselho Federal da Ordem dos Advogados do Brasil, observado o *quorum* exigido no art. 108 do Regulamento Geral, por unanimidade, em negar provimento ao recurso, nos termos do voto do Relator. Brasília, 24 de outubro de 2023. Renato da Costa Figueira, Presidente em exercício. Márcio Brotto de Barros, Relator. (DEOAB, a. 5, nº 1229, 16.11.2023, p. 15).

Recurso nº 16.0000.2022.000140-5/SCA-PTU. Recorrente: L.R.F. (Advogado: Luiz Roberto Falcão OAB/PR 52.387). Recorrido: Conselho Seccional da OAB/Paraná. Relator: Conselheiro Federal Ricardo Souza Pereira (MS). EMENTA Nº 147/2023/SCA-PTU. Recurso ao Conselho Federal da OAB. Acórdão unânime de Conselho Seccional da OAB. Revisão de processo disciplinar. Notificações. Observância ao artigo 137-D, §§ 2º e 4º, do Regulamento Geral. Ausência de nulidade. Locupletamento. Ausência de provas inequívocas da prática de ato excedente à condição de estagiário, à época dos fatos. Recebimento dos valores pelo advogado responsável, já condenado disciplinarmente. Recurso provido, para deferir a revisão e julgar improcedente a representação, por ausência de provas suficientes para a condenação. Acórdão: Vistos, relatados e discutidos os autos do processo em referência, acordam os membros da Primeira Turma da Segunda Câmara do Conselho Federal da Ordem dos Advogados do Brasil, observado o *quorum* exigido no art. 92 do Regulamento Geral, por unanimidade, em dar provimento ao recurso, nos termos do voto do Relator. Brasília, 24 de outubro de 2023. Renato da Costa Figueira, Presidente em exercício. Ricardo Souza Pereira, Relator. (DEOAB, a. 5, nº 1229, 16.11.2023, p. 12).

Recurso nº 25.0000.2022.000493-9/SCA-TTU. Recorrente: S.D.R.I.F. (Advogada: Sara Domingas Ronda Insfran Furlanetto OAB/SP 296.987). Recorrido: Conselho Seccional da OAB/São Paulo. Relatora: Conselheira Federal Ana Cláudia Pirajá Bandeira (PR). EMENTA Nº 128/2023/SCA-TTU. Recurso ao Conselho Federal da OAB. Acórdão unânime de Conselho Seccional da OAB. Revisão de processo disciplinar. Alegação de ausência de tipicidade da conduta tipificada no inciso IX do artigo 34 do EAOAB. Incorrência. Desacerto na dosimetria. Ausência de condenação disciplinar transitada em julgado, à época dos fatos. Afastamento da reincidência. Aplicação da sanção disciplinar de censura. Recurso parcialmente provido. Acórdão: Vistos, relatados e discutidos os autos do processo em referência, acordam os membros da Terceira Turma da

Segunda Câmara do Conselho Federal da Ordem dos Advogados do Brasil, observado o *quorum* exigido no art. 92 do Regulamento Geral, por unanimidade, em dar parcial provimento ao recurso, nos termos do voto da Relatora. Impedida de votar a Representante da OAB/São Paulo. Brasília, 24 de outubro de 2023. Milena da Gama Fernandes Canto, Presidente. Ana Cláudia Pirajá Bandeira, Relatora. (DEOAB, a. 5, nº 1226, 10.11.2023, p. 62).

7.2 Reabilitação

CONSULTA Nº 49.0000.2021.001866-2/OEP. Consulente: Luciano de Paula Cardoso Queiroz OAB/GO 27.246. Assunto: Consulta. Aplicação da prescrição prevista no art. 43, §1° da Lei nº 8906/94, aos Processos Disciplinares de Exclusão. Relator: Conselheiro Federal Adwardys de Barros Vinhal (TO). Ementa nº 164/2023/OEP. Consulta ao Órgão Especial do Conselho Pleno do Conselho Federal da OAB. Aplicação da prescrição prevista no art. 43, §1° da Lei n. 8906/94, aos processos disciplinares de exclusão. Consulta conhecida. A prescrição intercorrente que trata o artigo 43, §1°, do Estatuto da Advocacia e da OAB, é aplicável aos processos de exclusão previsto no artigo 38, inciso I, do EAOAB. Verificada a prescrição intercorrente em processo de exclusão nos termos do artigo 38, inciso I, do EAOAB, essa deve ser declarada e determinado o arquivamento do processo, de ofício ou a requerimento do interessado. O mesmo não ocorre com os outros 3 (três) processos de suspensão, que poderão ser contabilizados para constituir o requisito objetivo das três condenações anteriores para instrução de novo processo de exclusão, respeitada a prescrição da pretensão punitiva, nos termos do artigo 43, do EAOAB, considerando o trânsito em julgado da terceira condenação disciplinar à sanção de suspensão do exercício profissional. Quanto aos registros nos assentamentos do inscrito, não há qualquer previsão de retirada destes, nos termos do artigo 41 do EAOAB, é autorizado ao que tenha sofrido qualquer sanção disciplinar requerer, em 1 (um) ano após seu cumprimento, a reabilitação, frente a provas efetivas de bom comportamento. Consulta respondida. Acórdão: Vistos, relatados e discutidos os autos do processo em referência, acordam os membros do Órgão Especial do Conselho Pleno do Conselho Federal da Ordem dos Advogados do Brasil, observado o *quorum* exigido no art. 92 do Regulamento Geral, por unanimidade, em responder à consulta, nos termos do voto do relator. Brasília, 24 de outubro de 2023. Rafael de Assis Horn, Presidente. Ana Laura Pinto Cordeiro de Miranda Coutinho, Relatora ad hoc. (DEOAB, a. 5, nº 1234, 23.11.2023, p. 6)

RECURSO nº 16.0000.2021.000021-3/OEP. Recorrente: A.O.R. (Advogado: Annie Ozga Ricardo OAB/PR 31.798). Interessado: Conselho Seccional da OAB/Paraná. Relatora: Conselheira Federal Élida Fabrícia Oliveira Machado Franklin (PI). Ementa nº 146/2023/OEP. Recurso ao Órgão Especial do Conselho Pleno do Conselho Federal da OAB. Ausência dos pressupostos de admissibilidade do artigo 85, inciso II, do Regulamento Geral do Estatuto da Advocacia e da OAB. Acórdão unânime da Segunda Turma da Segunda Câmara do Conselho Federal da OAB. Razões recursais que não demonstram, ainda que indiretamente, contrariedade da decisão recorrida à Constituição Federal, às leis, ao Estatuto da Advocacia e da OAB, a decisões deste Conselho, ao Regulamento Geral, ao Código de Ética e Disciplina ou aos provimentos, buscando simplesmente a reforma da decisão de origem, no mérito, por meio da pretensão ao reexame de fatos e provas. Impossibilidade. Pedido de reabilitação indeferido. Instauração de processos disciplinares posteriormente ao período depurador de 01 (um) ano, não estando presente o requisito de bom comportamento (art. 41, EAOAB). Ausência de impugnação dos fundamentos da decisão recorrida. Recurso não conhecido. Acórdão: Vistos, relatados e discutidos os autos do processo em referência, acordam os membros do Órgão Especial do Conselho Pleno do Conselho Federal da Ordem dos Advogados do Brasil, observado o quórum exigido no art. 92 do Regulamento Geral, por unanimidade, em não conhecer do recurso, nos termos do voto da Relatora. Impedido de votar o Representante da OAB/Paraná. Brasília, 7 de fevereiro de 2023. Milena da Gama Fernandes Canto, Presidente em exercício. Élida Fabrícia Oliveira Machado Franklin, Relatora. (DEOAB, a. 5, nº 1201, 04.10.2023, p. 2).

Recurso nº 49.0000.2021.008031-9/SCA. Recorrente: J.L.S. (Advogado: José Lopes da Silva OAB/SP 253.900 e Defensor dativo: Raphael Soares Gullino OAB/SP 351.298). Recorrido: Conselho Seccional da OAB/São Paulo. Relator: Conselheiro Federal Cristiano Pinheiro Barreto (SE). EMENTA Nº 025/2023/SCA. Recurso ao Pleno da Segunda Câmara do Conselho Federal da OAB. Artigo 89-A, § 3º, do Regulamento Geral do Estatuto da Advocacia e da OAB. Acórdão unânime da Segunda Turma da Segunda Câmara. Ausência de demonstração de contrariedade do acórdão recorrido à Constituição, às leis, ao Estatuto da Advocacia e da OAB, a decisões deste Conselho Federal, ao Regulamento Geral, ao Código de Ética e Disciplina ou aos Provimentos. Ausência de dialeticidade recursal. Reabilitação. Inexistência de reabilitação ex officio, incumbindo à parte interessada requerê-la, nos termos do artigo 41 do Estatuto da Advocacia e da OAB. Precedentes. Recurso não conhecido. Acórdão: Vistos, relatados e discutidos os autos do processo em referência, acordam os membros da Segunda Câmara do Conselho Federal da Ordem dos Advogados do Brasil, observado o *quorum* exigido no art. 92 do Regulamento Geral, por unanimidade, em não conhecer do recurso, nos termos do voto do Relator. Brasília, 18 de agosto de 2023. Milena da Gama Fernandes Canto, Presidente. Lúcio Fábio Nascimento Freitas, Relator ad hoc. (DEOAB, a. 5, nº 1175, 28.08.2023, p. 3).

Recurso nº 16.0000.2022.000067-9/SCA-PTU. Recorrente: F.L.M. (Advogado: Fabrício Lazarin Maronez OAB/PR 62.535). Recorrido: Conselho Seccional da OAB/Paraná. Relator: Conselheiro Federal Ulisses Rabaneda dos Santos (MT). EMENTA Nº 114/2023/SCA-PTU. Recurso ao Conselho Federal da OAB. Artigo 75, caput, do Estatuto da Advocacia e da OAB. Acórdão unânime do Conselho Seccional da OAB/Paraná. Pedido de reabilitação. Artigo 41 do Estatuto da Advocacia e da OAB. Demonstração dos requisitos previstos na norma. Reabilitação deferida. Recurso provido. 01) O artigo 41 do Estatuto da Advocacia e da OAB dispõe que poderá ser requerida a reabilitação após o transcurso de lapso temporal de 01 (um) ano após o cumprimento da sanção disciplinar imposta, em face de provas de bom comportamento. Percebe-se, pela normativa legal, que são 02 (dois) os requisitos para a reabilitação disciplinar: um requisito de natureza objetiva, consistente no decurso do prazo de 01 (um) ano após o cumprimento da sanção disciplinar; e um requisito de natureza subjetiva, consistente nas provas efetivas de bom comportamento. 02) A seu turno, o requisito subjetivo provas efetivas de bom comportamento, deve ser interpretado de forma restritiva, evitando-se que a excessiva margem de discricionariedade do julgador torne inviável a pretensão de reabilitação disciplinar. É dizer, o bom comportamento se presume, devendo ser fundamentada a decisão para afastá-lo. 03) Não obstante, para efeitos de bom comportamento, considera-se eventuais fatos praticados pela parte requerente dentro do lapso temporal de 01 (um) ano do cumprimento da sanção disciplinar a qual requer a reabilitação. Ou seja, somente se poderá afastar a presunção de bom comportamento se houver prova de que, durante o período depurador de 01 (um) ano vier a parte requerente a praticar novas condutas que afastem a presunção do bom comportamento, de modo que não podem ser valoradas — como assim o foi pela decisão recorrida — fatos e circunstâncias anteriores a esse período. 04) Recurso provido, para reformar o acórdão recorrido e deferir a reabilitação disciplinar do advogado no Processo Disciplinar nº 3.920/2016. Acórdão: Vistos, relatados e discutidos os autos do processo em referência, acordam os membros da Primeira Turma da Segunda Câmara do Conselho Federal da Ordem dos Advogados do Brasil, observado o *quorum* exigido no art. 92 do Regulamento Geral, por unanimidade, em dar provimento ao recurso, nos termos do voto do Relator. Brasília, 18 de agosto de 2023. Marina Motta Benevides Gadelha, Presidente. Cláudia Lopes Medeiros, Relatora ad hoc. (DEOAB, a. 5, nº 1175, 28.08.2023, p. 8).

Recurso nº 16.0000.2022.000069-5/SCA-PTU. Recorrente: F.L.M. (Advogado: Fabrício Lazarin Maronez OAB/PR 62.535). Recorrido: Conselho Seccional da OAB/Paraná. Relator: Conselheiro Federal Caio Cesar Vieira Rocha (CE). EMENTA Nº 115/2023/SCA-PTU. Recurso ao Conselho Federal da OAB. Artigo 75, caput, do Estatuto da Advocacia e da OAB. Acórdão unânime do Conselho Seccional da OAB/Paraná. Pedido de reabilitação. Artigo 41 do Estatuto da Advocacia e da OAB. Demonstração dos requisitos previstos na norma. Reabilitação deferida. Recurso provido. 01) O artigo 41 do Estatuto da Advocacia e da OAB dispõe que poderá ser requerida a reabilitação após o transcurso de lapso temporal de 01 (um) ano do cumprimento da sanção disciplinar imposta, em face de provas de bom comportamento. Percebe-se, pela normativa legal, que são 02 (dois) os requisitos para a reabilitação disciplinar: um requisito de natureza objetiva, consistente no decurso do prazo de 01 (um) ano após o cumprimento da sanção disciplinar; e um requisito de natureza subjetiva, consistente nas provas efetivas de bom comportamento. 02) A seu turno, o requisito subjetivo provas efetivas de bom comportamento, deve ser interpretado de forma restritiva, evitando-se que a excessiva margem de discricionariedade do julgador torne inviável a pretensão de reabilitação disciplinar. É dizer, o bom comportamento se presume, devendo ser fundamentada a decisão para afastá-lo. 03) Não obstante, para efeitos de bom comportamento, considera-se eventuais fatos praticados pela parte requerente dentro do lapso temporal de 01 (um) ano do cumprimento da sanção disciplinar à qual requer a reabilitação. Ou seja, somente se poderá afastar a presunção de bom comportamento se houver prova de que, durante o período depurador de 01 (um) ano vier a parte requerente a praticar novas condutas que afastem a presunção do bom comportamento, de modo que não podem ser valoradas — como assim o foi pela decisão recorrida — fatos e circunstâncias anteriores a esse período. 04) Recurso provido, para reformar o acórdão recorrido e deferir a reabilitação disciplinar do advogado no Processo Disciplinar n. 3.923/2016. Acórdão: Vistos, relatados e discutidos os autos do processo em referência, acordam os membros da Primeira Turma da Segunda Câmara do Conselho Federal da Ordem dos Advogados do Brasil, observado o *quorum* exigido no art. 92 do Regulamento Geral, por unanimidade, em dar provimento ao recurso, nos termos do voto do Relator. Brasília, 18 de agosto de 2023. Marina Motta Benevides Gadelha, Presidente. Cláudia Lopes Medeiros, Relatora ad hoc. (DEOAB, a. 5, nº 1175, 28.08.2023, p. 8).

Recurso nº 16.0000.2022.000105-7/SCA-PTU. Recorrente: M.R.L. (Advogada: Karina Lombardi OAB/PR 44.018). Recorrido: Conselho Seccional da OAB/Paraná. Relator: Conselheiro Federal Márcio Brotto de Barros (ES). EMENTA Nº 117/2023/SCA-PTU. Recurso ao Conselho Federal da OAB. Artigo 75, caput, do Estatuto da Advocacia e da OAB. Acórdão unânime do Conselho Seccional da OAB/Paraná. Processo disciplinar de exclusão de advogado dos quadros da OAB, instaurado na forma do artigo 38, inciso I, do Estatuto da Advocacia e da OAB, em razão de 03 (três) condenações anteriores, à sanção disciplinar de suspensão do exercício profissional, transitadas em julgado, com penas cumpridas ou em execução dentro do período depurador de 05 (cinco) anos. Validade das condenações computadas. Recurso conhecido. No mérito, improvido. 01) A sanção disciplinar de exclusão dos quadros da OAB, nos termos do artigo 38, inciso I, da Lei nº 8.906/94, tem como pressuposto o trânsito em julgado de três condenações anteriores à sanção disciplinar de suspensão, não se exigindo a prática de nova infração disciplinar para que possa ser imposta ao advogado a punição disciplinar máxima, não configurando *ne bis in idem*, conforme entendimento pacificado pelo Pleno da Segunda Câmara, em matéria afetada a julgamento.

02) Quanto à pretensão ao sobrestamento do processo de exclusão, com base na formalização de pedidos de reabilitação, a jurisprudência deste Conselho Federal da OAB admite como relevante o argumento nos casos em que houver o deferimento da reabilitação ou a concessão de provimento cautelar que suspenda os efeitos da condenação disciplinar, não indicando o sobrestamento do processo de exclusão a simples formalização do pedido de reabilitação ou de pedido de revisão. 03) Recurso conhecido e improvido. Acórdão: Vistos, relatados e discutidos os autos do processo em referência, acordam os membros da Primeira Turma da Segunda Câmara do Conselho Federal da Ordem dos Advogados do Brasil, observado o *quorum* exigido no art. 108 do Regulamento Geral, por unanimidade, em negar provimento ao recurso, nos termos do voto do Relator. Brasília, 18 de agosto de 2023. Marina Motta Benevides Gadelha, Presidente. Márcio Brotto de Barros, Relator. (DEOAB, a. 5, nº 1175, 28.08.2023, p. 9).

Recurso nº 16.0000.2021.000189-3/SCA. Recorrente: F.E.S. (Advogado: Gustavo Tuller Oliveira Freitas OAB/PR 54.411). Recorrido: Conselho Seccional da OAB/Paraná. Relator: Conselheiro Federal Paulo Cesar Salomão Filho (RJ). EMENTA Nº 021/2023/SCA. Recurso ao Pleno da Segunda Câmara do Conselho Federal da OAB. Artigo 89-A, § 3º, do Regulamento Geral do Estatuto da Advocacia e da OAB. Acórdão unânime da Segunda Turma da Segunda Câmara. Natureza de recurso extraordinário e princípio da dialeticidade. Recurso que não impugnou os fundamentos da decisão recorrida, reiterando teses anteriores. Pedido de reabilitação. Artigo 41 do Estatuto da Advocacia e da OAB. Ausência dos requisitos de admissibilidade. O prazo de 01 (um) ano constante da norma de regência deve ser aferido na data em que formalizado o pedido de reabilitação, e não data em que o pedido é julgado ou no caso em que o prazo de um ano é alcançado no curso do processo de reabilitação, visto que esse prazo legal é *conditio sine qua non* para a formalização do pedido de reabilitação, o qual deve ser aferido na data do protocolo, conforme entendimento adotado pelo acórdão recorrido. Recurso não conhecido. Acórdão: Vistos, relatados e discutidos os autos do processo em referência, acordam os membros da Segunda Câmara do Conselho Federal da Ordem dos Advogados do Brasil, observado o *quorum* exigido no art. 92 do Regulamento Geral, por unanimidade, em não conhecer do recurso, nos termos do voto do Relator. Impedida de votar a Representante da OAB/Paraná. Brasília, 18 de agosto de 2023. Milena da Gama Fernandes Canto, Presidente. Paulo Cesar Salomão Filho, Relator. (DEOAB, a. 5, nº 1175, 28.08.2023, p. 2)

Recurso nº 25.0000.2022.000214-1/SCA-TTU. Recorrente: D.M.M.A. (Advogada: Diana Maria Mello de Almeida OAB/SP 198.405). Recorrido: Conselho Seccional da OAB/São Paulo. Relator: Conselheiro Federal Huascar Mateus Basso Teixeira (TO). EMENTA Nº 080/2023/SCA-TTU. Recurso ao Conselho Federal da OAB. Artigo 75, caput, do Estatuto da Advocacia e da OAB. Acórdão unânime do Conselho Seccional da OAB/São Paulo. Pedido de reabilitação. Artigo 41 do Estatuto da Advocacia e da OAB. Ausência de demonstração dos requisitos previstos na norma. Recurso improvido. 1) O artigo 41 do Estatuto da Advocacia e da OAB dispõe que poderá ser requerida a reabilitação após o transcurso de lapso temporal de 01 (um) ano após o cumprimento da sanção disciplinar imposta, em face de provas de bom comportamento. Percebe-se, pela normativa legal, que são 02 (dois) os requisitos para a reabilitação disciplinar: um requisito de natureza objetiva, consistente no decurso do prazo de 01 (um) ano após o cumprimento da sanção disciplinar; e um requisito de natureza subjetiva, consistente nas provas efetivas de bom comportamento. 2) A advogada atendeu ao requisito de natureza objetiva, consistente no decurso do prazo de 01 (um) ano após o cumprimento da sanção disciplinar, mas não ao requisito subjetivo de provas efetivas de bom comportamento, porquanto consta em seus antecedentes a instauração de processo de exclusão dos quadros da OAB, em virtude da aplicação de 3 (três) suspensões, antes da formalização do pedido de reabilitação e já com condenação disciplinar pelo Conselho Seccional. Precedentes. Recurso não provido. Acórdão: Vistos, relatados e discutidos os autos do processo em referência, acordam os membros da Terceira Turma da Segunda Câmara do Conselho Federal da Ordem dos Advogados do Brasil, observado o *quorum* exigido no art. 92 do Regulamento Geral, por unanimidade, em negar provimento ao recurso, nos termos do voto do Relator. Impedido de votar o Representante da OAB/São Paulo. Brasília, 28 de julho de 2023. Milena da Gama Fernandes Canto, Presidente. Huascar Mateus Basso Teixeira, Relator. (DEOAB, a. 5, nº 1161, 08.08.2023, p. 22).

7.3 Embargos Infringentes

Recurso nº 49.0000.2018.010320-7/SCA. Recorrente: J.O.G.S. (Advogados: José Orlando Gomes Sousa OAB/GO 18.099, Karinne Fernanda Nunes Moura Wernik OAB/DF 52.520, Rodrigo Studart Wernik OAB/DF 55.584 e outros). Recorrido: Conselho Seccional da OAB/Goiás. Relator: Conselheiro Federal Luiz Tadeu Guardiero Azevedo (TO). EMENTA Nº 019/2021/SCA. Recurso ao Pleno da Segunda Câmara do Conselho Federal da OAB. Acórdão não unânime da Terceira Turma da Segunda Câmara. Artigo 89-A, § 3º, do Regulamento Geral do Estatuto da Advocacia e da OAB. Divergência que restou vencedora e é favorável ao advogado. Recurso que não atende aos requisitos de admissibilidade. O Pleno da Segunda Câmara do Conselho Federal da OAB, no julgamento do Recurso nº 49.0000.2016.005131-9, pacificou entendimento de que o recurso tipificado no artigo 89-A, § 3º, do Regulamento Geral do Estatuto da Advocacia e da OAB, ostenta natureza jurídica de embargos infringentes, ou seja, seus pressupostos de admissibilidade devem ser analisados em simetria ao artigo 609, parágrafo único, do Código de Processo Penal, de modo que sua admissibilidade está condicionada, além dos demais pressupostos gerais de admissibilidade recursal, às seguintes condições: a) ausência de unanimidade da decisão recorrida, b) a matéria objeto de a divergência ter sido desfavorável ao recorrente, e c) a limitação das teses recursais ao objeto da divergência. No caso, tendo em vista que a divergência foi favorável ao advogado, não se pode admitir o presente recurso, pois não se admite a análise de matérias alheias à divergência, e nem se pode reexaminar o objeto da divergência favorável, sob pena de resultar reformatio in pejus. Ademais, verifica-se que as outras que o advogado alegou em seu recurso não passam de mera reiteração, porquanto devidamente enfrentadas tanto pela decisão recorrida — no tocante à prescrição — e pelas decisões das instâncias de origem, sem que o advogado tenha impugnado os fundamentos adotados, constituindo verdadeira violação à dialeticidade recursal. Recurso não conhecido. Acórdão: Vistos, relatados e discutidos os autos do processo em referência, acordam os membros da Segunda Câmara do Conselho Federal da Ordem dos Advogados do Brasil, observado o *quorum* exigido no art. 92 do Regulamento Geral, por unanimidade, em não conhecer do recurso, nos termos do voto do Relator. Impedido de votar o Representante da OAB/Goiás. Brasília, 27 de outubro de 2021. Ary Raghiant Neto, Presidente. Claudia Maria Fontoura Messias Sabino, Relatora ad hoc. (DEOAB, a. 3, nº 717, 29.10.2021, p. 4).

7.4 Embargos de Declaração

Recurso nº 16.0000.2021.000053-0/SCA-TTU-Embargos de Declaração. Embargante: M.B. (Advogado: Ferdinand Georges de Borba D'Orleans e D'Alençon OAB/RS 100.800). Embargado: Espólio de A.P.B. Representante legal: S.S.B.C. (Advogado: Álvaro Luis Pedroso Marques de Oliveira OAB/MT 7.666/O). Recorrente: M.B. (Advogado: Ferdinand Georges de Borba D'Orleans e D'Alençon OAB/RS 100.800). Recorrido: Espólio de A.P.B. Representante legal: S.S.B.C. (Advogado: Álvaro Luis Pedroso Marques de Oliveira OAB/MT 7.666/O). Interessado: Conselho

Seccional da OAB/Paraná. Relatora: Conselheira Federal Adriana Caribé Bezerra Cavalcanti (PE). EMENTA Nº 012/2023/SCA-TTU. Embargos de declaração. Artigo 138 do Regulamento Geral c/c artigos 619 e 620 do Código de Processo Penal c/c artigo 68 do Estatuto da Advocacia e da OAB. Efeitos infringentes. Possibilidade. Notificação da parte contrária para apresentar contrarrazões observada. Afastamento da prorrogação da suspensão do exercício profissional. Pendência de demandas judiciais entre as partes. Entendimento pacífico deste Conselho Federal da OAB no sentido de afastar a prorrogação da suspensão (art. 37, § 2º, EAOAB) quando houver a pendência de demanda judicial envolvendo as partes, porquanto, nesse caso, caberá ao Poder Judiciário decidir, de forma definitiva, quanto ao cumprimento da obrigação ou quanto à relação de crédito/débito travada entre as partes, não podendo se admitir o processo disciplinar como forma coercitiva para a solução de controvérsia de natureza cível instaurada entre as partes perante o Poder Judiciário, em sub-rogação à atividade jurisdicional. Embargos de declaração acolhidos, com efeitos infringentes, para fins de afastamento da prorrogação da suspensão. E, por não se tratar de circunstância de natureza pessoal, deve também ser estendida ao outro advogado representado, embora não tenha recorrido. Acórdão: Vistos, relatados e discutidos os autos do processo em referência, acordam os membros da Terceira Turma da Segunda Câmara do Conselho Federal da Ordem dos Advogados do Brasil, observado o *quorum* exigido no art. 92 do Regulamento Geral, por unanimidade, em acolher os Embargos de Declaração, nos termos do voto da Relatora. Impedido de votar o Representante da OAB/Paraná. Brasília, 17 de março de 2023. Milena da Gama Fernandes Canto, Presidente. Adriana Caribé Bezerra Cavalcanti, Relatora. (DEOAB, a. 5, nº 1072, 27.03.2023, p. 1).

RECURSO Nº 49.0000.2019.013327-8/OEP - Embargos de Declaração. Embargante/Recorrente: C.S. de A.R. (Advogados: Caren Silvana de Almeida Ribeiro OAB/GO 20882, Mario Halle Detare Alcofra OAB/GO

53843, Ronivan Peixoto de Morais Júnior OAB/GO 17752). Embargado/Recorrido: Luiz Antonio Sousa. Representante legal: Joelma de Oliveira Guedes. Interessado 1: Conselho Seccional da OAB/Goiás. Interessado 2: Christian Cavalcanti Sousa. Relator: Conselheiro Federal André Luiz Cavalcanti Cabral (PB). Ementa nº 155/2023/OEP. Embargos de declaração. Ausência de contradição no acórdão embargado. Pretensão ao reexame do mérito da decisão embargada. Impossibilidade. Inadequação da utilização de embargos de declaração como mero sucedâneo recursal. Embargos de declaração rejeitados. Acórdão: Vistos, relatados e discutidos os autos do processo em referência, acordam os membros do Órgão Especial do Conselho Pleno do Conselho Federal da Ordem dos Advogados do Brasil, observado o *quorum* exigido no art. 92 do Regulamento Geral, por unanimidade, em rejeitar os embargos de declaração, nos termos do voto do Relator. Impedido de votar o Representante da OAB/Goiás. Brasília, 19 de setembro de 2023. Rafael de Assis Horn, Presidente. Bruno de Albuquerque Baptista, Relator. (DEOAB, a. 5, nº 1234, 23.11.2023, p. 2).

RECURSO Nº 49.0000.2021.004968-8/OEP - Embargos de declaração. Embargante/Recorrente: C.A.F. (Advogado: Carlos Antonio de Freitas OAB/MG 43992). Embargado/Recorrido: Conselho Seccional da OAB/ Minas Gerais. Relator(a): Conselheiro Federal Bruno de Albuquerque Baptista (PE). Ementa nº 158/2023/OEP. Embargos de declaração. Artigo 138 do Regulamento Geral c/c artigos 619 e 620 do Código de Processo Penal c/c artigo 68 do Estatuto da Advocacia e da OAB. Ausência de ambiguidade, obscuridade, contradição ou omissão. Pretensão à rediscussão do mérito da decisão embargada. Impossibilidade. Inadequação da utilização de embargos de declaração como mero sucedâneo recursal. Embargos de declaração rejeitados. Orientação Interpretativa referente ao artigo 141 do Regulamento Geral, firmando posicionamento de que, nos casos de recurso voluntário contra a decisão monocrática do Presidente, que acolheu o despacho da relatoria indicando o indeferimento liminar do recurso (art. 140, RG), a distribuição do novo recurso será feita por prevenção ao relator da decisão originária. Acórdão: Vistos, relatados e discutidos os autos do processo em referência, acordam os membros do Órgão Especial do Conselho Pleno do Conselho Federal da Ordem dos Advogados do Brasil, observado o *quorum* exigido no art. 92 do Regulamento Geral, por unanimidade, em rejeitar os embargos de declaração, nos termos do voto do Relator. Impedido de votar o Representante da OAB/Minas Gerais. Brasília, 19 de setembro de 2023. Rafael de Assis Horn, Presidente. Bruno de Albuquerque Baptista, Relator. (DEOAB, a. 5, nº 1234, 23.11.2023, p. 4)

RECURSO Nº 49.0000.2018.010320-7/OEP - Embargos de Declaração. Embargante/Recorrente: J.O.G.S. (Advogados: João Paulo Ungarelli OAB/GO 19768, José Orlando Gomes Sousa OAB/GO 18099, Karinne Fernanda Nunes Moura Wernik OAB/DF 52520, Rodrigo Studart Wernik OAB/DF 55584 e OAB/GO 59970). Interessado: Conselho Seccional da OAB/Goiás. Relator(a): Conselheiro Federal Sergio Murilo Diniz Braga (MG). Ementa nº 152/2023/OEP. Embargos de declaração. Artigo 138 do Regulamento Geral c/c artigos 619 e 620 do Código de Processo Penal c/c artigo 68 do Estatuto da Advocacia e da OAB. Ausência de ambiguidade, obscuridade, contradição ou omissão. Pretensão à rediscussão do mérito da decisão embargada. Impossibilidade. Inadequação da utilização de embargos de declaração como mero sucedâneo recursal. Embargos de declaração rejeitados. Acórdão: Vistos, relatados e discutidos os autos do processo em referência, acordam os membros do Órgão Especial do Conselho Pleno do Conselho Federal da Ordem dos Advogados do Brasil, observado o quórum exigido no art. 92, do Regulamento Geral, por unanimidade, em rejeitar os embargos de declaração, nos termos do voto do Relator. Impedido de votar o Representante da OAB/Paraná. Brasília, 19 de setembro de 2023. Rafael de Assis Horn, Presidente. Sergio Murilo Diniz Braga, Relator. (DEOAB, a. 5, nº 1234, 23.11.2023, p. 1).

Recurso nº 25.0000.2022.000129-1/SCA-PTU-Embargos de Declaração. Embargante: C.G.C. (Advogado: Carlos Gilberto Ciampaglia OAB/SP 15.581). Embargado: V.C.C. (Advogados: Valdemir Campelo Costa OAB/SP 113.756, Leonardo Pereira Teruya OAB/SP 246.205 e Alceu Conceição Machado Neto OAB/PR 32.767). Recorrentes: A.C., C.G.C., S.C.C. e V.C.C. (Advogados: André Ciampaglia OAB/SP 107.621, Carlos Gilberto Ciampaglia OAB/SP 15.581, Sérgio Camargo Ciampaglia OAB/SP 100.086, Leonardo Pereira Teruya OAB/SP 246.205, Alceu Conceição Machado Neto OAB/PR 32.767 e outros). Recorridos: A.C., C.G.C., G.C.S., G.P.F., S.C.C. e V.C.C. (Advogados: André Ciampaglia OAB/SP 107.621, Carlos Gilberto Ciampaglia OAB/SP 15.581, Sérgio Camargo Ciampaglia OAB/SP 100.086, Roberta Pinto Andrade Martins OAB/SP 253.009, Leonardo Pereira Teruya OAB/SP 246.205, Alceu Conceição Machado Neto OAB/PR 32.767 e outros). Interessado: Conselho Seccional da OAB/São Paulo. Relatora: Conselheira Federal Cláudia Lopes Medeiros (AL). EMENTA Nº 145/2023/SCA-PTU. Embargos de declaração. Alegação de omissão na apreciação de matérias que, em tese, atenuariam as circunstâncias da retenção, quais sejam: não considerou que a retenção se deu porque o cliente só queria pagar honorários sobre o valor líquido; que o valor retido a título de honorários representava menos de 20% dos honorários contratados; e, que na notificação extrajudicial feita pelo Embargado o mesmo reconhecia que o Embargante teria direito ao recebimento de honorários na razão de 13,34%, transcrevendo o texto da mesma, que deixa claro que a mesma ocorreu após a retenção dos valores e, antes do término da ação trabalhista. Omissões não configuradas. Acórdão embargado que apreciou as matérias concluindo que "tendo em vista que à época do levantamento a sentença trabalhista estava sendo objeto de recurso ordinário e execução provisória, não poderiam os advogados antecipar o recebimento de seus honorários advocatícios na 'integralidade', até porque o contrato firmado entre as partes previa que o percentual de 20% incidiria sobre os valores efetivamente recebidos pelo cliente, o que, até então, não estava consolidado por meio de sentença definitiva, inexistindo assim qualquer circunstância atenuante". Pretensão ao reexame do mérito da decisão embargada. Inadequação da pretensão. Inexistência de vícios na decisão embargada que justifiquem sua complementação e/ou aclaramento. Embargos de declaração rejeitados. Acórdão: Vistos, relatados e discutidos os autos do processo em referência, acordam os membros da Primeira Turma da Segunda Câmara do Conselho Federal da Ordem dos Advogados do Brasil, observado o *quorum* exigido no art. 92 do Regulamento Geral, por unanimidade, em rejeitar os embargos de declaração, nos termos do voto da Relatora. Brasília, 24 de outubro de 2023. Renato da Costa Figueira, Presidente em exercício. Cláudia Lopes Medeiros, Relatora. (DEOAB, a. 5, nº 1229, 16.11.2023, p. 11).

7.5 Recurso Ordinário

Recurso nº 49.0000.2019.007115-7/SCA-STU. Recorrente: A.C.J. (Advogado: Antonio Cesar Jesuíno OAB/MS 5.659). Recorrido: Conselho Seccional da OAB/Mato Grosso do Sul. Relatora: Conselheira Federal Daniela Lima de Andrade Borges (BA). EMENTA Nº 121/2021/SCA-STU. Recurso ao Conselho Federal da OAB. Processo de exclusão de advogado dos quadros da OAB. Art. 38, inciso I, do Estatuto da Advocacia e da OAB. Advogado que ostenta mais de 03 (três) condenações disciplinares anteriores, à sanção disciplinar de suspensão do exercício profissional, transitadas em julgado. Julgamento pelo Conselho Seccional antes da vigência da Súmula 08/2019-COP. Recurso que ostenta natureza ordinária, devendo ser conhecido. Instauração de processo disciplinar autônomo, com objeto específico, qual seja, a análise da exclusão dos quadros da OAB, facultando à parte representada o exercício da ampla defesa e do contraditório, quanto aos requisitos objetivos para julgamento da matéria. Impossibilidade de se reexaminar o mérito das condenações impostas nos processos disciplinares que ensejaram a instauração do processo de exclusão na forma do inciso I do art. 38 da Lei nº 8.906/94. Precedentes. Recurso não provido. 1) A sanção disciplinar de exclusão de advogado dos quadros da OAB, nos termos do artigo 38, inciso I, da Lei nº 8.906/94, tem como pressuposto o trânsito em julgado de 03 (três) condenações disciplinares anteriores, nas quais restou sancionado o advogado com suspensão do exercício profissional, não se exigindo a superveniência da prática de nova infração disciplinar para que, somente então, possa ser imposta ao advogado a punição disciplinar máxima. Precedentes. 2) Assim, verificando a autoridade competente o trânsito em julgado da terceira condenação disciplinar à sanção de suspensão do exercício profissional, deverá instaurar novo processo disciplinar, de ofício e autônomo, especificamente para avaliar a regularidade da imposição da sanção disciplinar de exclusão dos quadros da OAB, facultando-se ao advogado exercer o contraditório e a ampla defesa quanto à existência dos requisitos objetivos para a procedência da condenação, vedada a análise de eventuais nulidades ou matérias relativas ao mérito das condenações já transitadas em julgado, em razão da coisa julgada administrativa, somente sendo admissível a revisão dos processos pela via processual adequada (art. 73, § 5º, EAOAB). 3) Antes da vigência da Súmula 08/2019-COP, a competência para processar e julgar o processo de exclusão era privativa do Conselho Seccional, de modo que o Recurso ao Conselho Federal da OAB, nessa hipótese, ostenta natureza ordinária, porquanto julgado em única instância na Seccional, viabilizando-se o acesso ao duplo grau de jurisdição, razão pela qual deve ser recebido como recurso ordinário. 4) Recurso conhecido e improvido. Acórdão: Vistos, relatados e discutidos os autos do processo em referência, acordam os membros da Segunda Turma da Segunda Câmara do Conselho Federal da Ordem dos Advogados do Brasil, observado o *quorum* exigido no art. 108 do Regulamento Geral, por maioria, em negar provimento ao recurso, nos termos do voto da Relatora. Brasília, 6 de dezembro de 2021. Carlos Roberto Siqueira Castro, Presidente. Ilana Kátia Vieira Campos, Relatora ad hoc. (DEOAB, a. 3, nº 744, 09.12.2021, p. 9).

Recurso nº 16.0000.2021.000189-3/SCA. Recorrente: F.E.S. (Advogado: Gustavo Tuller Oliveira Freitas OAB/PR 54.411). Recorrido: Conselho Seccional da OAB/Paraná. Relator: Conselheiro Federal Paulo Cesar Salomão Filho (RJ). EMENTA Nº 021/2023/SCA. Recurso ao Pleno da Segunda Câmara do Conselho Federal da OAB. Artigo 89-A, § 3º, do Regulamento Geral do Estatuto da Advocacia e da OAB. Acórdão unânime da Segunda Turma da Segunda Câmara. Natureza de recurso extraordinário e princípio da dialeticidade. Recurso que não impugnou os fundamentos da decisão recorrida, reiterando teses anteriores. Pedido de reabilitação. Artigo 41 do Estatuto da Advocacia e da OAB. Ausência dos requisitos de admissibilidade. O prazo de 01 (um) ano constante da norma de regência deve ser aferido na data em que formalizado o pedido de reabilitação, e não data em que o pedido é julgado ou no caso em que o prazo de um ano é alcançado no curso do processo de reabilitação, visto que esse prazo legal é *conditio sine qua non* para a formalização do pedido de reabilitação, o qual deve ser aferido na data do protocolo, conforme entendimento adotado pelo acórdão recorrido. Recurso não conhecido. Acórdão: Vistos, relatados e discutidos os autos do processo em referência, acordam os membros da Segunda Câmara do Conselho Federal da Ordem dos Advogados do Brasil, observado o *quorum* exigido no art. 92 do Regulamento Geral, por unanimidade, em não conhecer do recurso, nos termos do voto do Relator. Impedida de votar a Representante da OAB/Paraná. Brasília, 18 de agosto de 2023. Milena da Gama Fernandes Canto, Presidente. Paulo Cesar Salomão Filho, Relator. (DEOAB, a. 5, nº 1175, 28.08.2023, p. 2).

7.6 Recurso Voluntário

RECURSO Nº 49.0000.2021.004968-8/OEP - Embargos de declaração. Embargante/Recorrente: C.A.F. (Advogado: Carlos Antonio de Freitas OAB/MG 43992). Embargado/Recorrido: Conselho Seccional da OAB/

Minas Gerais. Relator(a): Conselheiro Federal Bruno de Albuquerque Baptista (PE). Ementa nº 158/2023/OEP. Embargos de declaração. Artigo 138 do Regulamento Geral c/c artigos 619 e 620 do Código de Processo Penal c/c artigo 68 do Estatuto da Advocacia e da OAB. Ausência de ambiguidade, obscuridade, contradição ou omissão. Pretensão à rediscussão do mérito da decisão embargada. Impossibilidade. Inadequação da utilização de embargos de declaração como mero sucedâneo recursal. Embargos de declaração rejeitados. Orientação Interpretativa referente ao artigo 141 do Regulamento Geral, firmando posicionamento de que, nos casos de recurso voluntário contra a decisão monocrática do Presidente, que acolheu o despacho da relatoria indicando o indeferimento liminar do recurso (art. 140, RG), a distribuição do novo recurso será feita por prevenção ao relator da decisão originária. Acórdão: Vistos, relatados e discutidos os autos do processo em referência, acordam os membros do Órgão Especial do Conselho Pleno do Conselho Federal da Ordem dos Advogados do Brasil, observado o *quorum* exigido no art. 92 do Regulamento Geral, por unanimidade, em rejeitar os embargos de declaração, nos termos do voto do Relator. Impedido de votar o Representante da OAB/Minas Gerais. Brasília, 19 de setembro de 2023. Rafael de Assis Horn, Presidente. Bruno de Albuquerque Baptista, Relator. (DEOAB, a. 5, nº 1234, 23.11.2023, p. 4).

Recurso nº 25.0000.2022.000197-2/SCA-PTU. Recorrente: G.R.Ltda. Representante legal: A.S.S. (Advogadas: Irene Joaquina de Oliveira OAB/SP 126.720 e Karla de Oliveira Favero OAB/SP 341.843). Recorrido: J.C.C. (Advogado: José Cezar de Carvalho OAB/SP 82.932). Interessado: Conselho Seccional da OAB/São Paulo. Relator: Conselheiro Federal Renato da Costa Figueira (RS). EMENTA Nº 136/2023/SCA-PTU. Recurso voluntário. Art. 140, parágrafo único, do Regulamento Geral do EAOAB. Decisão monocrática de indeferimento liminar de Recurso ao Conselho Federal da OAB, em razão da intempestividade. Recurso Voluntário que ignora por completo o conteúdo decisório da decisão recorrida para dialogar exclusivamente com o conteúdo de decisões anteriores do procedimento, padecendo de requisito de admissibilidade, por ausência de dialeticidade. No caso de decisão que não conhece de recurso sob o fundamento da intempestividade, subsiste à parte recorrente o ônus de impugnar os fundamentos da decisão recorrida e demonstrar a tempestividade do recurso anterior, o que não se verificou no presente caso, ensejando, pois, o trânsito em julgado da decisão. Recurso voluntário não conhecido, por ausência de dialeticidade. Acórdão: Vistos, relatados e discutidos os autos do processo em referência, acordam os membros da Primeira Turma da Segunda Câmara do Conselho Federal da Ordem dos Advogados do Brasil, observado o *quorum* exigido no art. 92 do Regulamento Geral, por unanimidade, em não conhecer do recurso, nos termos do voto do Relator. Brasília, 16 de outubro de 2023. Solange Aparecida da Silva, Presidente em exercício. Cláudia Lopes Medeiros, Relatora ad hoc. (DEOAB, a. 5, nº 1229, 16.11.2023, p. 8).

8. Bibliografia

ESPINOLA FILHO, Eduardo. **Código de Processo Penal Brasileiro Anotado.**

HARTMANN, Rodolfo Kronemberg. **Curso do novo processo civil.** 5. ed. Niterói: Impetus, 2019.

JUNIOR, Humberto Theodoro. **Curso de Direito Processual Civil – Volume 1.** 53 ed. Forense, 2012.

LÔBO, Paulo. **Comentários ao Estatuto da Advocacia e da OAB.** 15. ed. Saraiva Jur: São Paulo, 2023.

MAGNO, Levy Emanuel. **Curso de Processo Penal Didático.** Editora Atlas: São Paulo.

PINHEIRO, Marcelo Rabelo; CAMPOS, Thiago Camel de. **Processo Ético-Disciplinar na OAB – Teoria e Prática – Livro I – Fase de Conhecimento.** 2. ed. Editora Autografia, 2022.

Proposta de alteração do Regimento Interno da OAB/RJ.

Regimentos Internos dos Conselhos Seccionais.

Regimentos Internos dos Tribunais de Ética e Disciplina.